ナビラとマラ

「対テロ戦争」に巻き込まれた二人の少女

宮田律

講談社

ナビラとマララ

「対テロ戦争」に巻き込まれた二人の少女

はじめに

私《わたし》は、日本の人たちが、イスラムの世界について理解《りかい》するきっかけや、イスラム社会との交流を深める場をつくるため、「現代《げんだい》イスラム研究《けんきゅう》センター」という組織《そしき》を運営《うんえい》し、さまざまな取り組みを行っています。その一つとして二〇一五年、私はあるシンポジウムを開こうと考えました。テーマは、「イスラムの女子教育支援《しえん》」というものです。

はじめに説明しておきますと、この本には「イスラム」という言葉がたびたび登場しますが、「イスラム教」という宗教《しゅうきょう》、そしてイスラム教を信仰《しんこう》する人たちといった意味でその言葉を使うことにします。

そのイスラムの世界において、一部の人たちではありますが、女性《じょせい》が社会に進出することに対し、あまりよい顔をしないという面があります。たとえば、「女性は親族以外の男性と接触《せっしょく》することが禁《きん》じられている」などと強く主張《しゅちょう》し、その結果、女性が社会に出て働くことができにくくなっている現実《げんじつ》があるのです。

断《ことわ》っておきますが、イスラムが女性に対する差別を許《ゆる》しているということは、けっしてありません。しかし現実として、一部の人々がイスラム教の教えをゆがんだ形で解釈《かいしゃく》してしまったり、古くから伝わってきた因習《いんしゅう》をたいせつにしたりするあまり、多くのイスラムの女性たちが行動を制限《せいげん》されているのです。とくにパキスタンでは、女子が教育を受けるということに対し、強い反感があるようです。

女性を社会に出さない、女性に仕事を与《あた》えないということになりますと、女性は家庭にいて、ひたすら家族の世話をすることだけを求められます。イスラム世界の家庭は、一般《いっぱん》に子だくさんの家庭が多いのですが、それは多くの女性が〝家庭中心〟の生活を送っていることと無関係ではないと考えられます。

子どもがたくさん生まれますと、当然、若《わか》い人たちの人口が増《ふ》えていきます。しかし、イスラムの国々は、けっして豊《ゆた》かな国ばかりではありません。増えていく人口に見合うだけの仕事の数は存在《そんざい》しないのです。

では、仕事がない人たちは、どうやって生きていくと思いますか？

彼《かれ》らは、「パキスタン・タリバン運動（ＴＴＰ）」や「イスラム国（ＩＳ）」といったグループの活動に参加して、これらの組織《そしき》に食べさせてもらうことになります。

みなさんも、「ＩＳ」という言葉はニュースで聞いたことがあるかもしれません。最近ですと、二〇一五年十一月に、フランスのパリで銃《じゅう》を乱射《らんしゃ》するなどのテロ事件《じけん》を起こしたグループです。また、国内で戦闘状態《せんとうじょうたい》が続いているシリアに渡《わた》った日本人の後藤健二《ごとうけんじ》さん、湯川遥菜《ゆかわはるな》さんを捕《つか》まえて殺害する映像《えいぞう》を、世界に向けて発信したのも、この過激派《かげきは》組織でした。

彼らは、「最高指導者《しどうしゃ》のもとに理想の国家を建設《けんせつ》する」と言っていて、アメリカをはじめとした欧米諸国《おうべいしょこく》がイスラム世界の紛争《ふんそう》に介入《かいにゅう》することに憤《いきどお》って、彼らに対してテロ行為《こうい》を繰《く》り返《かえ》すと主張《しゅちょう》しています。アメリカと同盟《どうめい》を組んでいる日本も「敵《てき》」だというのです。

アメリカを中心とした国々は、イスラムの過激派組織《かげきはそしき》を一掃《いっそう》すると目標を掲《かか》げ、中東をはじめとしたイスラムの国々で「対テロ戦争」を繰り広げています。

イスラムの若者《わかもの》たちが、教育を受ける機会を奪《うば》われたまま、こうした過激派組織に入る状況《じょうきょう》が続けば、世界から暴力《ぼうりょく》は絶対《ぜったい》になくなりません。イスラムの女子が教育を受ける機会が増《ふ》えれば、女性《じょせい》たちが社会で活躍《かつやく》する機会が増えることにつながります。仕事を持った女性たちは家にばかりいることはできませんから、自然と生まれてくる子どもの数も減《へ》ることになります。育てる子どもがたくさんいる状態《じょうたい》では、家の外で働くことは、困難《こんなん》だからです。社会全体がそのように変わっていくことで、仕事にあぶれる若者たちが減ることにつながります。私《わたし》は、イスラムの女性が社会に出ることこそが、イスラムの社会のみならず、世界の安定や平和を実現《じつげん》するのにたいせつだと考えているのです。

イスラム世界の女性《じょせい》は、教育の権利《けんり》を手に入れるべきだ——。そう主張《しゅちょう》している、もっとも有名な少女は、二〇一四年に十七歳《さい》でノーベル平和賞を受賞したマララ・ユースフザイさんでしょう。彼女《かのじょ》は、日本では小学校の高学年に当たる年齢《ねんれい》のころから、「女性が教育を受けることがたいせつだ」とインターネット上などで訴《うった》えており、それを快《こころよ》く思わないTTPのメンバーから銃《じゅう》で撃《う》たれました。このときマララさんは十五歳です。当時、TTPは、「彼女が欧米《おうべい》の文化を推進《すいしん》したからねらった」と、犯行《はんこう》声明を出し、これからも彼女の命をねらうと脅《おど》しました。

マララさんのその後の活動については、ニュースや本で知っている人も多いかと思います。奇跡的《きせきてき》に回復《かいふく》したマララさんは、そうした脅しに屈《くっ》することなく、イスラムの女性たちが教育を受ける機会を求め続けました。その勇気と行動に対し、ノーベル平和賞が贈《おく》られたのです。

二〇一三年、アメリカのバラク・オバマ大統領《だいとうりょう》（当時）夫妻《ふさい》は、彼女をホワイトハウスに招《まね》き、

「アメリカは、パキスタン国民や世界中の多くの人々とともに、すべての女子が学校に通い、夢《ゆめ》を実現《じつげん》できる権利《けんり》を促進《そくしん》しようと活動するマララさんの勇気と意志《いし》を讃《たた》える」

という声明を出しました。アメリカ以外の各国のトップや著名《ちょめい》なアーティストたちも、彼女《かのじょ》の聡明《そうめい》さと勇気に動かされ、マララさんを讃えました。そして、ユネスコ（国際連合教育科学文化機関《こくさいれんごう》）とパキスタンが協力して、勉強をする機会を奪《うば》われた女性《じょせい》たちを支援《しえん》する「マララ基金《ききん》」を創設《そうせつ》するに至《いた》ったのです。

私《わたし》が、イスラム世界の女性の問題を広く知ってもらうためにシンポジウムを企画《きかく》したことは冒頭《ぼうとう》でお話ししましたが、この催《もよお》しに、ナビラ・レフマンさんというパキスタンの少女を招《まね》いて話をしてもらおうと考えました。じつは彼女も、マララさんと同じく、戦争の犠牲者《ぎせいしゃ》です。しかし、有名なマララさんと違《ちが》って、彼女がどのような傷《きず》を負ったのかを知る人は少ないでしょう。

二〇一二年十月、彼女《かのじょ》は、アメリカ軍の「ドローン」と呼《よ》ばれる、無人の航空機が撃《う》ったミサイルによって祖母《そぼ》を失い、自分も大けがをしました。彼女はTTPやISのメンバーではありません。テロリストでも何でもない彼女はお兄さんといっしょに牛に水をやり、おばあさんは自宅《じたく》前の菜園に出てオクラを摘《つ》んでいただけでしたが、ドローンに積まれたカメラを通じて地上を見ていたアメリカのCIA（アメリカ中央情報局《ちゅうおうじょうほうきょく》）は、ナビラさんたちをテロリストだと思《おも》い込《こ》んで、誤《あやま》って攻撃《こうげき》したのです。

ナビラさんは、このときの様子をこう語っています。

「一瞬《いっしゅん》、すべてが真っ暗になりました。悲鳴が聞こえてきて、それがおばあちゃんのものであると思いました。でも、私《わたし》にできることは走って逃《に》げることだけだったんです」

ナビラさんのお兄さんのズバイルさんも、現場《げんば》にいた一人でした。

「祖母と僕《ぼく》は明るい晴れた空が好きでしたが、もはや青い空よりも灰色《はいいろ》の曇《くも》り空《ぞら》を好むようになりました。だって、空が曇《くも》っている日なら、ドローンは飛べないから。空が灰色《はいいろ》の間は、緊張《きんちょう》や恐怖《きょうふ》がしばらく遠のきますが、晴れ上がると、『ドローンがふたたびやってくるのでは』という恐怖もよみがえってしまうのです」

ナビラさんが暮《く》らしていたのは、パキスタンの「連邦直轄部族地域《れんぽうちょっかつぶぞくちいき》（ＦＡＴＡ）」と呼《よ》ばれるところです。そこはパキスタンの中央政府《せいふ》の支配《しはい》がおよばず、その土地に昔から暮らしている部族のやり方でおさめることが許《ゆる》されている地域であり、アメリカ軍は「テロリストたちが紛《まぎ》れ込《こ》んでいる可能性《かのうせい》が高い」と考えていました。だから、テロリストを撲滅《ぼくめつ》する目標を掲《かか》げたＣＩＡのドローンが、ナビラさんの頭上にいたというわけです。

ナビラさんは、アメリカの議会で自らの被害《ひがい》を説明し、部族地域でのドローン攻《こう》撃《げき》を停止するよう求めました。このことをイギリスの「ガーディアン」という新聞が伝えているのですが、記事によれば、アメリカ議会の公聴会《こうちょうかい》には四百三十五人いる下院議員のうち、ナビラさんがスピーチする場に五人しか出席しなかったそうです。アメリカの敵《てき》であるTTPの銃撃《じゅうげき》を受けたマララさんに対しては、オバマ大統《だいとう》領《りょう》が直接《ちょくせつ》面会するという手厚《てあつ》い待遇《たいぐう》でした。アメリカが続ける「対テロ戦争」の犠《ぎ》牲者《せいしゃ》という点で変わりはないのに、加害者が違《ちが》うだけで、二人の少女に対するあつかいは、こうまで違ってしまうのです。

ナビラさんのお父さんのラフィークさんは、こう話します。

「教師《きょうし》としての私《わたし》の使命は教えることにありますが、私自身が理解《りかい》できないことを、どうやって子どもたちに教えればよいのでしょうか？　オバマ大統領に会うことができれば、私や私の家族に何が起きたのかを伝え、『私たち一家が、何か悪いことをしたのでしょうか？』と尋《たず》ねてみたいです」

オバマ大統領は二〇一六年一月五日、ホワイトハウスで演説《えんぜつ》した際《さい》、アメリカ国内で銃《じゅう》が使われた犯罪《はんざい》や事故《じこ》などによって犠牲になった子どもたちに触《ふ》れ、

「みんなで立ち上がり、国民を守らなければならない」

と涙《なみだ》をこぼし、自由に銃を所持できる現状《げんじょう》を変える必要があると訴《うった》えました。そ

の姿《すがた》を見て、私《わたし》はこう思いました。

「アメリカ国内で銃《じゅう》で犠牲《ぎせい》になる子どもたちに考えをめぐらせることができるのであれば、オバマ大統領《だいとうりょう》は、自らの指示《しじ》で発射《はっしゃ》されるドローンの犠牲になる子どもたちにも、同じように思いを馳《は》せてほしい」

イギリスの「調査報道局《ちょうさほうどうきょく》（The Bureau of Investigative Journalism、ＢＩＪ）」という組織《そしき》が明らかにしたところによりますと、二〇〇四～二〇一五年にパキスタンではＣＩＡによるドローン攻撃《こうげき》が四百二十一回行われ、そのうちテロリストではない一般《いっぱん》の市民は四百二十三～九百六十五人、子どもたちは百七十二～二百七人、犠牲になったということです。子どもたちがアメリカを攻撃するようなテロを行うはずがありません。

テロとそれに対する応酬《おうしゅう》という、泥沼《どろぬま》に見える争いを止めるのには、教育が必要です。私は、パキスタンの友人などを通じてナビラさんに働きかけ、彼女《かのじょ》の来日を実現《じつげん》させました。実際《じっさい》に会ってみると、静かでおだやかな表情《ひょうじょう》の少女でしたが、強い意志《いし》と聡明《そうめい》さがうかがえました。とはいえ、やはり十一歳《さい》の少女らしい、年相応《としそうおう》の愛くるしい笑顔《えがお》も魅力的《みりょくてき》でした。

シンポジウムでナビラさんは、しっかりした口調で、こう言いました。

「私《わたし》たちの地元ではきちんとした教育を受ける環境《かんきょう》がありませんから、とにかくしっかりとした教育を受けたいです。戦争に大金を使うのでしたら、そのお金を教育や学校に使うべきだと思います。攻撃《こうげき》と復讐《ふくしゅう》を繰《く》り返《かえ》しても、解決《かいけつ》には向かいません。復讐より話し合いで解決していくべきです。安易《あんい》に戦争に向かっても、平和は絶対《ぜったい》にやってきません。教育を普及《ふきゅう》させたいです」

途上国《とじょうこく》には、教育が必要な子どもが大勢《おおぜい》います。とくに紛争《ふんそう》や暴力《ぼうりょく》が絶《た》えない中東イスラム世界ではそうでしょう。二〇〇四年に生まれたナビラさんの人生は、二〇〇一年からパキスタンの部族地域《ちいき》で始まった「テロとの戦い」に翻弄《ほんろう》されてきました。彼女《かのじょ》の「教育を受けたい」という強い思いを紹介《しょうかい》しながら、教育こそ若者《わかもの》たちに未来を与《あた》え、暴力を解決する力があるということを、この本で証明《しょうめい》していきます。

ドローンの攻撃《こうげき》を受けて家族を亡《な》くしたナビラさんの訴《うった》えを通じて、武力《ぶりょく》にたよらない日本だからこそできる紛争地域《ふんそうちいき》とのかかわり方をお伝えします。みなさんがこの本を通じて学ぶことの意義《いぎ》を考え、「世界の平和に貢献《こうけん》したい！」という意欲《いよく》を持つきっかけになったとしたら、うれしく思います。

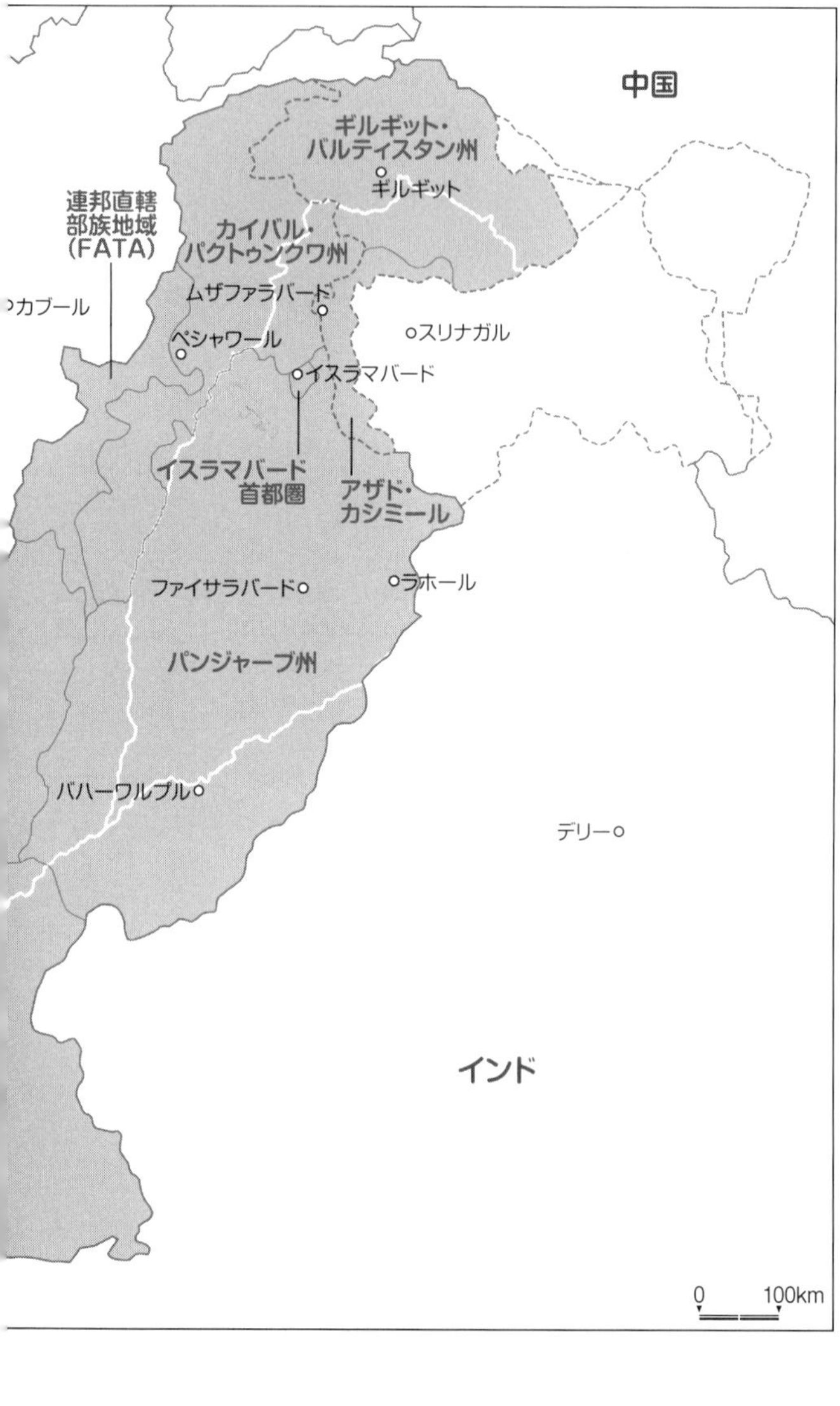
中国
ギルギット・
バルティスタン州
ギルギット
連邦直轄
部族地域
(FATA)
カイバル・
パクトゥンクワ州
ムザファラバード
カブール
ペシャワール
スリナガル
イスラマバード
イスラマバード
首都圏
アザド・
カシミール
ファイサラバード
ラホール
パンジャーブ州
バハーワルプル
デリー
インド
0
100km

ナビラさんとマラララさんの故郷《こきょう》・パキスタン

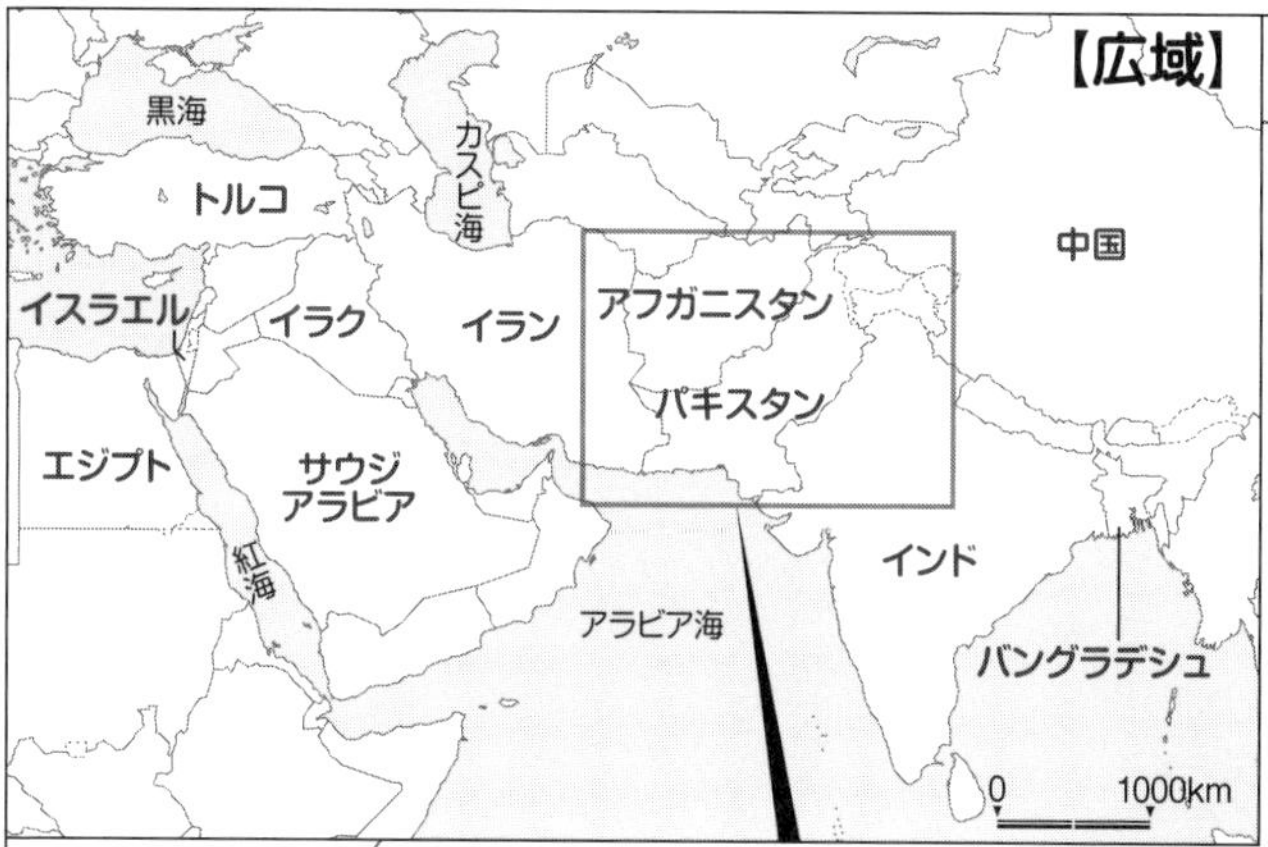

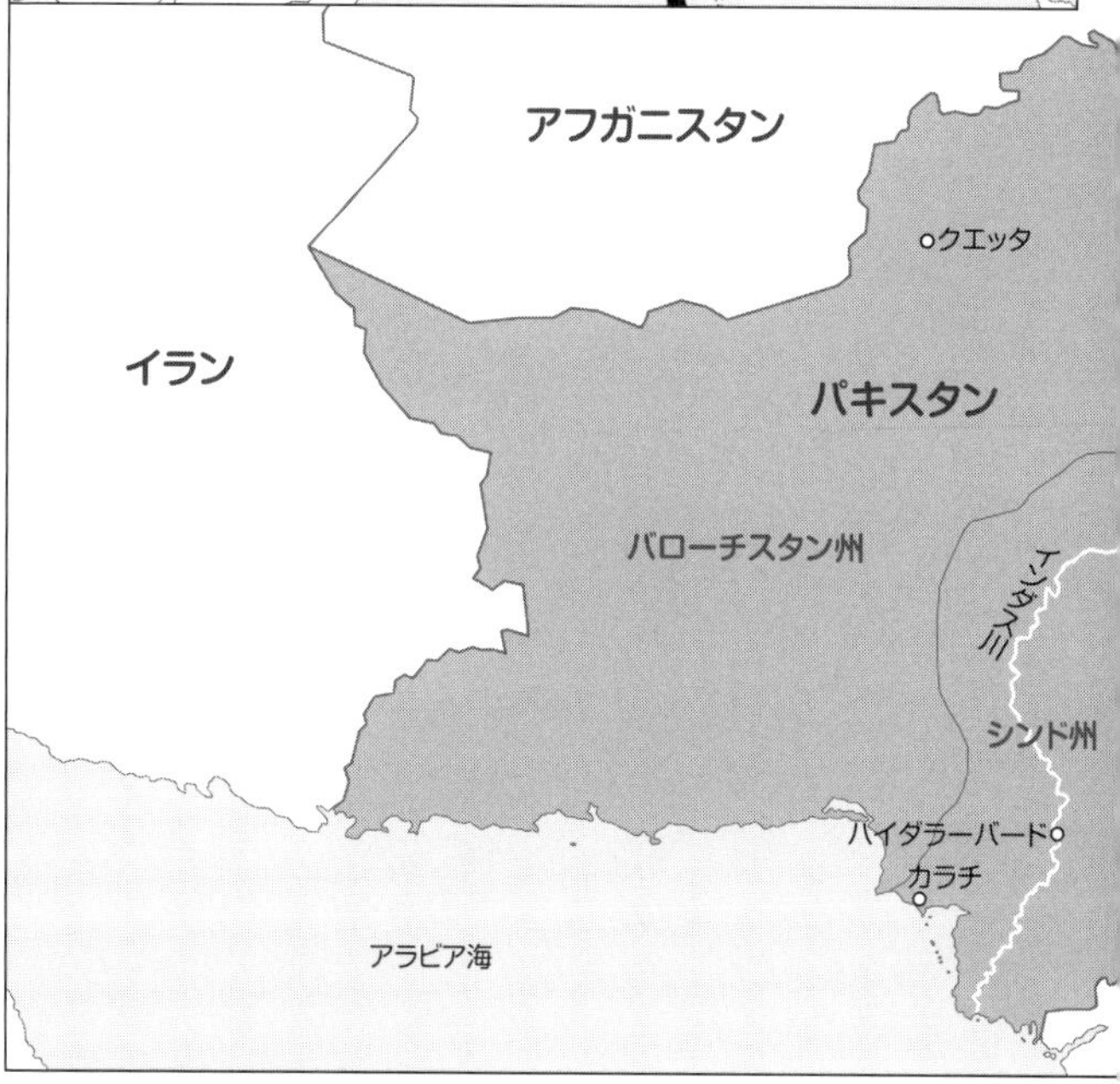

第一章　ナビラさんの来日

日本に来られなくなった理由

ナビラ・レフマンさんが初めて日本にやってきたのは、二〇一五年十一月十五日のことでした。

このとき、私《わたし》はあせっていました。イスラム世界の女性《じょせい》たちに教育の機会が与《あた》えられていないという現実《げんじつ》を、多くの日本人に知ってもらう目的でナビラさんを日本に招《まね》き、講演《こうえん》してもらうシンポジウムを企画《きかく》しました。そして、その日程《にってい》を、「十一月十六日に東京《とうきょう》で」と三か月ほど前から決めて、告知していました。それなのに、シンポジウムが間近にせまった二週間ほど前に、ナビラさんの弁護士《べんごし》を務《つと》めるシャザード・アクバルさんが、メールで、「ナビラさんが来られなくなった」と連絡《れんらく》してきたのです。

「これではシンポジウムができなくなる！」と驚《おどろ》きましたが、それよりショックを受けたのは、ナビラさんが来られなくなった理由でした。ナビラさんは、パキスタンの連邦直轄部族地域《れんぽうちょっかつぶぞくちいき》（ＦＡＴＡ）というところで生まれ、当時もそこで暮《く》らしていたのですが、部族地域の指導者《しどうしゃ》たちが、「女の子として成長し過《す》ぎているから、人前に出てはいけない」と言い出した、というのです。

誤解《ごかい》があってはいけないので説明をしておきます。イスラムにおいて、女性《じょせい》が公《おおやけ》の目にさらされてはならないという決まりはありません。パキスタンでは一九八八年に、ベナジール・ブットさんという女性が首相《しゅしょう》になっているくらいです。一国の首相ですから、当然、世界中のメディアが、彼女《かのじょ》の姿《すがた》をテレビなどに映《うつ》します。また、二〇一一年にパキスタンの外務大臣《がいむだいじん》に就任《しゅうにん》したヒナ・ラッバーニ・カルさんも女性《じょせい》です。ですから、ナビラさんが「人前に出てはいけない」と周辺の指導《しどう》者《しゃ》から言われていると聞いて、私《わたし》は、「彼女《かのじょ》は、古いしきたりが支配《しはい》している地域《ちいき》で暮《く》らしているのだな」という印象を持ちました。

一時は、シンポジウムをあきらめるかという事態《じたい》になりましたが、ナビラさんといっしょに来日する予定のアシュラフ・アリーさんが、部族の長老たちを説得してくれたので、何とか彼女たちの来日が実現《じつげん》しました。パキスタン人のアシュラフさんは、もともとはイギリスの放送局・BBC（英国放送協会）の記者で、パキスタンの部族地域全体を取材で歩き回った経験《けいけん》があり、ほぼすべての部族地域の方言に習熟《しゅうじゅく》しています。

アシュラフさんは、

「日本のテレビや新聞がナビラさんを紹介《しょうかい》しても、部族地域の人たちの目に触《ふ》れることはありません」

と言って、指導者たちを納得《なっとく》させたようです。

ほとんどのパキスタンの部族地域《ちいき》は貧《まず》しく、テレビも、インターネットもありません。人々が、自国や海外で何が起きているかを知るための手段《しゅだん》は、もっぱらラジオです。そのラジオにしても、持っていない家庭がたくさんあります。外の情報《じょうほう》に触《ふ》れられないということは、自分を取《と》り巻《ま》く身近な人たち以外の考え方を知る機会を持っていないということです。情報を得る機会が少ないことも、この地域の人たちを、古い価値観《かちかん》にしばりつけている原因《げんいん》の一つと考えられます。

新聞記者のインタビューを受けて

ナビラさんが日本に来るためには、かなりの長旅になります。パキスタンの首都、イスラマバードから日本に向かう直行便はありません。そのため、ナビラさんたちは、まずイスラマバードからはるか西、サウジアラビアに隣接《りんせつ》するカタールの首都、ドーハに向かいました。そこを経由《けいゆ》して日本の空港に降《お》り立《た》ったのです。

ドーハでは日本に向かう飛行機に乗《の》り継《つ》ぎをするため、十五時間もの待ち時間がありました。ナビラさんたちが利用したカタール航空では、長い時間を空港で過《す》ごさなければならない乗客のために、ホテルを取ってくれたり、ドーハ市内の観光を手配してくれたりします。しかし、ツベルクリンの予防注射《よぼうちゅうしゃ》を打っていないナビラさんとお父さんのラフィーク・ウル・レフマンさんに対しては、市内で観光することを認《みと》めてくれませんでした。こんなところからも、パキスタンの医療《いりょう》や保健制度《ほけんせいど》の立《た》ち遅《おく》れを感じてしまいます。

こんな難関《なんかん》をクリアして、ナビラさんは十一月十五日、つまり予定されていたシンポジウムの前日の晩《ばん》に東京のホテルに到着《とうちゃく》したのです。

到着した日の晩から、今度は日本のメディアによるインタビュー取材が始まりました。ナビラさんが来日することを最初に報《ほう》じたのは、『毎日新聞』の金子淳《かねこじゅん》記者です。〈ヘーゼル色（薄褐色《うすかっしょく》）の澄《す》んだ瞳《ひとみ》が印象的だった。〉という一文で始まる記事には、ナビラさんがドローンで攻撃《こうげき》を受けたときの様子が生々しく描《えが》かれていま す。

〈２０１２年10月24日、晴れた日の午後だった。パキスタン北西部・北ワジリスタン管区のグンディ・カラ村で、上空を飛んでいた無人機が突然《とつぜん》、ミサイルを撃《う》った。当時9歳《さい》だったナビラ・レフマンさん。衝撃《しょうげき》で倒《たお》れ込《こ》み、顔を上げると、30メートルほど離《はな》れた菜園でオクラを取っていた祖母《そぼ》、モミナ・ビビさんの体が消えていた。恐怖《きょうふ》が込み上げ、村の中心部に向かって走った。右手から血が流れ出す。夢中《むちゅう》で走っていると、背後《はいご》で再《ふたた》び爆発音《ばくはつおん》が響《ひび》いた。〉

その記事には、ナビラさんの、率直《そっちょく》な思いも書かれています。

「（ドローンで）攻撃《こうげき》されるなんて思わなかった。私《わたし》たちは悪いことをしていたわけではないから」

金子記者の記事によれば、ナビラさんを襲《おそ》ったアメリカのドローン攻撃について、パキスタンの新聞は「武装勢力《ぶそうせいりょく》とみられる3人を殺害」と報《ほう》じたそうです。しかし、実際《じっさい》に殺されたのは、ナビラさんのおばあさんのモミナ・ビビさんと四頭の牛たちでした。イスラムの犠牲祭《ぎせいさい》（宗教的《しゅうきょうてき》な祝日）を前に、モミナ・ビビさんはオクラを摘《つ》み、ナビラさんとお兄さんのズバイルさんは牛に餌《えさ》や水を与《あた》え、牧草の刈《か》り入《い》れに取りかかっていたところでした。そして、そのはるか頭上には、いつものように青い空をドローンが旋回《せんかい》していました。しかし、いつもと違《ちが》ったのは、ドローンから、ドーン、ドーンとミサイルが撃《う》ち込《こ》まれたことだったのです。

来日直後、やはり『毎日新聞』の三木幸治《みきこうじ》記者の取材を受けたとき、ナビラさんの年齢《ねんれい》は十一歳《さい》でしたが、年齢より大人っぽく見えました。それもあってか、三木記者はナビラさんに、彼女《かのじょ》が来日する直前にパリで起きた同時多発テロについて、感想を求めました。

ナビラさんが来日する二日前の二〇一五年十一月十三日、フランスのパリの市街地と別の商業施設《しせつ》の複数箇所《ふくすうかしょ》で、イスラム国（ＩＳ）の戦闘員《せんとういん》が銃撃《じゅうげき》したり、爆撃《ばくげき》したりして、死者百三十人、負傷者《ふしょうしゃ》三百人以上の被害《ひがい》が出ました。

ナビラさんがおばあさんを亡《な》くし、自らもけがをしたのは、アメリカをはじめとした欧米《おうべい》の国々による「対テロ戦争」に巻《ま》き込《こ》まれたのが原因《げんいん》ですから、三木記者

2015年11月13日（現地時間）、フランスの首都・パリの繁華街《はんかがい》で同時多発テロが発生。前例のない事態《じたい》に、花の都が混乱《こんらん》に陥《おちい》った　AFP＝時事

パリでのテロ事件を受けて、人々は、現場となったレストランに献花《けんか》をして、犠牲者《ぎせいしゃ》を悼《いた》んだ（2015年11月14日）　AFP＝時事

は彼女《かのじょ》に当事者としての感想を求めたかったのでしょう。しかし、海外はおろか、自分の国についての情報《じょうほう》でさえ、なかなか入ってこないところで暮《く》らすナビラさんが、パリのテロ事件《じけん》を知っているはずがありません。

日本で暮らしていると、その日、その時間に起きた世界中の大きな出来事を、テレビやインターネットのニュースで瞬時《しゅんじ》に知ることができ、それを当たり前のように感じますが、パキスタンの部族地域《ちいき》の子どもたちにとって、それは普通《ふつう》のことではありません。ナビラさんに同行したパキスタンの人たちも、「その質問《しつもん》に答えるのは、彼女には難《むずか》しい」と、三木記者に説明していました。

シンポジウムで訴《うった》えたこと

ナビラさんが東京に来て二日目の十一月十六日の午前中は、取材が入っていなかったため、ホテルからナビラさんたち親子といっしょに浅草《あさくさ》の浅草寺《せんそうじ》に行きました。外国からの観光客も大勢《おおぜい》いて、ナビラさんは人の多さ、門前町のにぎわいに驚《おどろ》いている様子でした。

「自分が知っているバザール（市場）と同じように人が多いですけど、浅草のほうがゴミが落ちていなくて、とてもきれいです」

ナビラさんはそんな感想を私《わたし》に伝えました。初めて見た仏教《ぶっきょう》のお寺は、ナビラさんにとって、とても印象に残ったようで、その後で会った日本のメディアの人たちに、「バザールに行ってきたんですよ」と、繰《く》り返《かえ》し話していました。


すでにお話ししましたとおり、ナビラさんに来日してもらったのは、イスラム世界の女性《じょせい》たちが教育を受ける機会を奪《うば》われていることをシンポジウムで話してもらうためです。その日、シンポジウム会場に足を踏《ふ》み入《い》れ、大勢《おおぜい》の参加者たちに目を向けたナビラさんは、にっこりと微笑《ほほえ》みながら挨拶《あいさつ》をしました。

ある日本人のイスラム教徒から、「アッサラーム・アレイクム（こんにちはの意味ですが、もともとは、あなたのうえに平安あれ、というアラビア語）」とイスラム式の挨

シンポジウムで日本の人たちに語りかけるナビラさん（中央）とラフィークさん（右）

拶をされると、ナビラさんもお父さんも、笑《え》みを浮《う》かべました。

シンポジウムでナビラさんは、こう訴《うった》えました。

「なぜ戦争をするのですか？　なぜ教育のことを考えないのですか？　なぜたくさんのお金を戦争に使って、教育に使わないのですか？　戦争で何が解決《かいけつ》できるのですか？

私《わたし》がミサイルで攻撃《こうげき》されたとき、ものすごくこわかったです。ドローン攻撃のことは、けっして忘《わす》れることができません。ドローン攻撃で私たちは学校に行くことができなくなりました。日本のみなさんに、戦争という危機的《ききてき》な状況《じょうきょう》から脱《だっ》するためにこそ、教育が必要だと訴《うった》えたいのです」

続けてナビラさんのお父さんのラフィークさんも、話をしました。

「二〇一二年十月二十四日、アメリカはドローン攻撃《こうげき》で六十八歳《さい》になる私《わたし》の母を殺しました。さらに私の兄弟、そしてナビラをふくむ子どもたちにも、ひどい傷《きず》を負わせました。

これまで誰《だれ》も教えてくれませんでしたが、取材しているメディアの話によると、アメリカは、『一台の車を標的にして攻撃したところ、そこにたまたま私の母がいた』という説明をしているそうです。しかし、私の家の近くには一台の車も走っていませんでしたし、停《と》まってもいませんでした。私の家の周辺に車両はなく、ただ、私たちの家があるのみです。アメリカの説明は真っ赤なウソです。アメリカは母や子どもたちがいた、私たちの畑をねらって攻撃を加えたのです。

私の母は、なぜ殺されなければならなかったのでしょうか？　私は、なすすべもなく、攻撃《こうげき》の後、とてつもない恐怖《きょうふ》をおぼえました。私《わたし》たちの悲しみは、もしかすると、誰《だれ》にも理解《りかい》できないものかもしれません。

さらに、母が殺された後、パキスタンの政府軍《せいふぐん》がワズィーレスタンで「パキスタン・タリバン運動（TTP）」を攻撃するようになり、私たちは地元から避難《ひなん》しなければならなくなりました。現在《げんざい》は、国内避難民となって、もともと暮《く》らしていた地域《ちいき》の人々とも会えなくなりました。避難民になったいまも、空を見上げると恐怖がよみがえってきます。いつ何時、ふたたびドローンが攻撃してくるかもしれない――そんな気がしてしまいます」

ラフィークさんの話のとおり、パキスタン政府は、アメリカからの圧力《あつりょく》もあり、TTPに対して軍事的な解決に乗り出しました。二〇一四年六月から、北ワズィーレスタンの武装勢力《ぶそうせいりょく》に対して大規模《だいきぼ》な軍事作戦を展開《てんかい》し始め、その結果、ナビラさん一家をはじめ、百万人という単位の人々が国内避難民となったのです。

ラフィークさんは、話を続けました。

「私《わたし》は農業も営《いとな》んでいますが、仕事は小学校の教師《きょうし》です。私の兄弟も教師で、父親は校長でした。つまり私の仕事は、子どもたちに教育を与《あた》えることです。でも、いまは、どうやって子どもたちに教育を受けさせればいいのかわかりません。

私の母は、ドローン攻撃《こうげき》による初めての女性《じょせい》の犠牲者《ぎせいしゃ》ではありません。これまでも、たくさんの女性が犠牲になってきました。母も生きていれば、みなさんにドローンの被害《ひがい》について訴《うった》えたかったことでしょう。母に代わってドローン攻撃の実《じっ》態《たい》を話すのが、私の責任《せきにん》だと思っています。

私はオバマ大統領《だいとうりょう》に尋《たず》ねたいです。『私たちの家を攻撃したミサイルは一発で七万五千ドル（約八百八十万円）もしますが、そのお金があれば、子どもたちの教育に使うことができるのではないでしょうか？』とね。戦争に使うお金があれば、たくさんの学校を建てられます。平和への道筋《みちすじ》は、教育と本のなかにあると思っているんです」

教育の重要性《じゅうようせい》を訴えるナビラさん父娘《おやこ》の姿《すがた》は、日本のメディアの人たちの心にも強く印象づけられました。とくにナビラさんの「イスラムの女性《じょせい》たちに教育の機会を」という訴《うった》えは、ノーベル平和賞を受賞したマララ・ユースフザイさんと重なるところがあり、メディアは「もう一人のマララ」といった書き方で報道《ほうどう》しました。

ナビラさんとマララさんの違《ちが》いは？

ここで、みなさんは不思議に思いませんか？

アメリカ、そしてそれに追随《ついずい》する各国が、パキスタン・タリバン運動（ＴＴＰ）やイスラム国（ＩＳ）といった武装勢力《ぶそうせいりょく》はテロリストだとして、彼《かれ》らを標的に「対テロ戦争」を掲《かか》げて戦争をしています。そして、ナビラさんも、マララさんも、この対テロ戦争の犠牲者《ぎせいしゃ》という点で、まったく同じ立場にあります。それなのに、ナビラさんとマララさんのその後の境遇《きょうぐう》は、あまりにもかけ離《はな》れています。

マララさんはオバマ大統領夫妻《だいとうりょうふさい》からホワイトハウスに招《まね》かれ、国際連合《こくさいれんごう》（国連）でも演説《えんぜつ》し、ノーベル平和賞を受賞して、世界中に彼女《かのじょ》の訴えが届《とど》けられていま

アメリカのオバマ大統領《だいとうりょう》（右）からホワイトハウスに招《まね》かれたマララさん（右から２人目）　EPA＝時事

す。マララさんの生き方をつづった本は世界中で翻訳《ほんやく》され、多くの人が彼女《かのじょ》の強い意志《いし》に勇気をもらっています。

一方のナビラさんですが、「はじめに」に書きましたとおり、アメリカの議会でスピーチをしても、たった五人の議員しか集まらなかったばかりか、出席者はほとんど関心を示《しめ》しませんでした。ナビラさんは、こう振《ふ》り返《かえ》りました。

「私《わたし》が訴《うった》えても、訴えても、まったく無《む》反応《はんのう》でした。『ドローンより、教育にお金を』と訴えたかったのですが、（アメリカの議員たちは）まるで聞く耳を持たず、反省もしていなくて、とても悲しい思いをしたんです」
もちろん、アメリカからナビラさん一家に対して、謝罪《しゃざい》や補償《ほしょう》はいっさい行われていません。

ナビラさんとマララさん、二人とも「対テロ」を掲《かか》げた戦争によって深い傷《きず》を負い、この争いを止めるため、イスラム世界に教育が必要だと訴《うった》えています。

では、彼女《かのじょ》たち二人の、どこが違《ちが》っているのでしょうか。

答えは簡単《かんたん》です。

マララさんを銃《じゅう》で撃《う》ったのがアメリカの敵《てき》であるＴＴＰであるのに対し、ナビラさんたちにミサイルを発射《はっしゃ》したのはアメリカのＣＩＡ（アメリカ中央情報局《ちゅうおうじょうほうきょく》）でした。アメリカにしてみれば、ナビラさんの声に耳を傾《かたむ》けるということは、無実の人たちに対してミサイルを発射した、自分たちの過《あやま》ちを認《みと》めることになります。まさに、「加害者が誰《だれ》なのか？」という違いこそが、彼女たちの訴えが世界に届《とど》くかどうかを決めているのです。

ナビラさんにとっての「教育を受ける権利《けんり》」

シンポジウムのおかげで、日本のテレビ局も、ナビラさんに関心を持つようになりました。『報道《ほうどう》ステーション』（テレビ朝日系《けい》）というニュース番組も、その一つです。東京の表参道《おもてさんどう》の街で、ナビラさん一行を撮影《さつえい》することになりました。

ナビラさんが、父親のラフィークさんと歩く様子をカメラに収《おさ》めてから、番組のキャスター、小川彩佳《おがわあやか》さんのインタビューが始まりました。ナビラさんは、時折、空を見上げながら、こう言いました。

「パキスタンでは、毎日ドローンが空を飛んでいてこわかったです。日本は平和で、そういう恐怖《きょうふ》におびえる毎日を過《す》ごさなくていいなって思いました。日本人は幸せですね」

表参道でナビラさんが始めた話は、高級な服飾店《ふくしょくてん》や宝飾店《ほうしょくてん》が並《なら》ぶ、はなやかな街のイメージとはかけ離《はな》れた、凄惨《せいさん》な現実《げんじつ》でした。小川さんのインタビューに答えるナビラさんの顔は曇《くも》り、ドローンによる攻撃《こうげき》を受けたときに、自らが体験したことを語り始めました。

「空から攻撃するドローンの音がドーン、ドーンと聞こえてきて、とてもこわかったです。突然《とつぜん》、おばあちゃんの悲鳴が聞こえました。何が起こっているのかわからなかったのですが、こわくなってその場から必死に逃《に》げました。途中《とちゅう》で、腕《うで》から血がだらだらと流れていることに気づきました。おばあちゃんを見にいくと、血だらけで死んでいました。おばあちゃんはとっても優《やさ》しくて、私《わたし》をかわいがってくれました。いつも私たちにお話をしてくれました。思い出すと悲しくなります」

東京の空には、ナビラさんの故郷《こきょう》とは違《ちが》ってミサイルを積んだドローンなど飛んでいません。平和な空が広がっています。しかし、ナビラさんにとって空は、悲劇《ひげき》や恐怖《きょうふ》を連想させるものです。日本人にとっては水や空気のように、「あって当たり前」と思われている平和ですが、目の前で肉親を殺された彼女《かのじょ》にとっては、「平和こそが、もっともたいせつなもの」と身に沁《し》みて感じているようでした。

さらにナビラさんは、インタビューのなかで、こう話しました。

「ドローンは罪《つみ》のない子どもたちを殺しています。なぜ、(欧米《おうべい》による対テロ戦争とは)関係のない人が死ななければならないのでしょうか」

ナビラさんは、ドローンの攻撃《こうげき》で亡《な》くなったり、避難《ひなん》生活を強《し》いられたりしている多くの子どもたちの声を代弁《だいべん》したのです。

「ドローンのせいで私《わたし》たちは勉強する時間まで奪《うば》われてしまいました。私たちの地元ではきちんとした教育を受ける環境《かんきょう》がありませんから、しっかりとした教育を受けたいです。勉強がしたいです。戦争に大金を使うんだったら、そのお金を教育や学校に使うべきだと思います。攻撃と復讐《ふくしゅう》を繰《く》り返《かえ》しても、解決《かいけつ》には向かいません。復讐より話し合いで解決していくべきです。安易《あんい》に戦争に向かっても、絶対《ぜったい》に平和はやってきません。そのためにも教育を普及《ふきゅう》させたいのです。人権《じんけん》を無視《むし》されている人を守りたいのです」

ナビラさんにとって、「教育を受ける権利」を獲得《かくとく》することには特別な思いがあります。亡《な》くなった祖母《そぼ》のモミナさんは、ナビラさんに対して、いつも勉強することをすすめたといいます。ラフィークさんがシンポジウムで話したとおり、ナビラさんのおじいちゃんは小学校で校長を務《つと》めましたし、お父さんのラフィークさんをふくめ彼《かれ》の兄弟全員が教師《きょうし》になりました。教育熱心な家庭で育ったナビラさんだからこそ、故郷《こきょう》が戦場になり、勉強できなくなってしまったことが、何より無念で、悲しい出来事だったのです。

小川さんたちテレビ朝日のスタッフから地図帳をプレゼントされると、さっそく見入っているナビラさんの表情《ひょうじょう》は、とても活《い》き活《い》きとしていました。知識《ちしき》を吸収《きゅうしゅう》する喜びを感じているのでしょう。インタビューの場に同席していた父のラフィークさんは、自分の娘《むすめ》が置かれた境遇《きょうぐう》について、こんなふうに思いを語りました。

「（TTPに銃撃《じゅうげき》された）マララさんは治療《ちりょう》を受け、教育の機会も与《あた》えられました。だけど私《わたし》の娘・ナビラに対しては、どの国も教育支援《しえん》をしてくれませんでした。不公平じゃないでしょうか」

テレビの撮影中《さつえいちゅう》、じつはこんな場面も見られました。「日本で何を買いたいですか？」と、小川さんから尋《たず》ねられたナビラさんは、「靴《くつ》と服を買いたいです」とはにかんで答えて、お父さんもにっこりとうなずいていました。

とても大人っぽく見えますが、ナビラさんは十一歳《さい》の女の子です。当然、日本の女の子たちと同じように、おしゃれをしたいという思いはあります。小川さんの靴を履《は》かせてもらうと、とてもうれしそうでした。

原爆資料館《げんばくしりょうかん》で感じたこと

シンポジウムがあった翌日《よくじつ》の十一月十七日、私《わたし》はナビラさんたちと広島に向かいました。ご存《ぞん》じのとおり、原子爆弾《げんしばくだん》によって破壊《はかい》しつくされながらも、目覚ましい復興《ふっこう》を遂《と》げた街です。終わることのない戦争で安定しないパキスタンの少女に、広島の街を見せることが希望を与《あた》えることにつながると思い、連れていったのです。

パキスタンに、新幹線《しんかんせん》のように速い電車は走っていません。「この電車は何キロで走っているのですか?」と尋《たず》ねるナビラさんに、「時速二百五十キロぐらい」と答えると、それはびっくりした様子でした。車内販売《はんばい》の女性《じょせい》に、ナビラさんがドローンの攻撃《こうげき》を受けた経験《けいけん》を持っていることを話すと、とても同情《どうじょう》した様子で、ナビラさんといっしょに写真を撮《と》りました。

途中《とちゅう》、京都《きょうと》で降《お》りて、金閣寺《きんかくじ》を訪《おとず》れました。イスラム世界では、金《きん》、つまりゴールドを尊《たっと》ぶ価値観《かちかん》があり、男性は女性に金の装飾品《そうしょくひん》をプレゼントします。ですので、イスラムの人たちを金閣寺に連れていくと、一様に驚《おどろ》き、喜びます。

ナビラさんは金閣寺をバックに、和服を着た日本人女性たちと写真を撮り、楽しい時間を過《す》ごしていました。お父さんのラフィークさんは敷地内《しきちない》を歩きながら、「まるで楽園のようだ」と話していました。きれいな京都の街並《まちな》みや寺社は、戦乱《せんらん》が続くパキスタン部族地域《ちいき》の人たちにとっては、まさに「平安の都」と映《うつ》るのでしょう。

こんなこともありました。京都駅のホームの自動販売機《じどうはんばいき》で温かいミルクティーを

金閣寺《きんかくじ》をバックに記念撮影《さつえい》。イスラムの人たちは金色《こんじき》の建物にため息をもらした

駅の自動販売機《じどうはんばいき》であったかいミルクティーを買えることも、ナビラさんには新鮮《しんせん》に映《うつ》る

買ったのですが、それにすら驚《おどろ》いた様子で、「日本の技術《ぎじゅつ》はすばらしい」と、ナビラさんもお父さんも声を上げていました。また、パキスタンは女性《じょせい》が肌《はだ》を見せない宗教的慣習《しゅうきょうてきかんしゅう》があるので、ナビラさんは、ショートパンツで歩く日本の若《わか》い女性を見て目を丸くしていました。

この日の夜、広島駅に到着《とうちゃく》したのですが、ナビラさんは駅のホームから駅の隣《となり》にあるホテルまで、弁護士《べんごし》のアクバルさんの重たいスーツケースを引きました。パキスタンの人々は、年長の人を敬《うやま》う気持ちを強く持っています。ナビラさんのお父さんも、電車のなかで立っていた年配の日本人男性に席を譲《ゆず》っていました。

広島に原爆《げんばく》が落とされたことは、パキスタンの人たちもよく知っています。駅を降《お》りると、彼《かれ》らは周辺にビルがたくさん立《た》ち並《なら》んでいるのを目にして驚き、「本当にここが原爆で何もなくなったところなのですか？」と口をそろえました。

イスラム世界には、原爆を投下されながらも不死鳥のように復興《ふっこう》、発展《はってん》を遂《と》げた日本に対する敬意《けいい》があります。一方、アフガニスタンに目を向けますと、二〇〇一年にタリバン政権《せいけん》が倒《たお》れ、それから十五年も経《た》つのに、復興《ふっこう》はまだ遠い状況《じょうきょう》です。二〇〇三年にフセイン政権が崩壊《ほうかい》したイラクも、いまは内戦状態《じょうたい》にあります。日本は終戦を迎《むか》えて十九年後には、早くも東京でオリンピックが開催《かいさい》できるまでに、街も人々も立ち直っていました（東京五輪は一九六四年に開催）。

翌日《よくじつ》の十八日、ナビラさんたち一行と広島平和記念資料館《ひろしまへいわきねんしりょうかん》（原爆資料館《げんばくしりょうかん》とも呼《よ》ばれています）を見学しました。案内してくれたのは、増田典之《ますだのりゆき》副館長です。

ナビラさんは原爆で多くの子どもたちが犠牲《ぎせい》になったことに衝撃《しょうげき》を受けたようでした。子どもたちの遺品《いひん》に熱心に見入り、ドローンの攻撃《こうげき》を受けた自身の体験と重ね合わせているようでした。ナビラさんが生まれ育った地域《ちいき》では、いまもなお、空爆が続いています。戦争で受けた傷跡《きずあと》の深さはそれぞれで、比《くら》べることなどできませんが、私《わたし》の目には、原爆資料館を訪《おとず》れている日本の中学生、高校生たちより、ナビラさんのほうが切実に平和を望んでいるように見えました。

ナビラさんは原爆の犠牲者たちに対し、イスラム式のお祈《いの》りをして献花《けんか》をしました。そして、敷地内《しきちない》にある「原爆《げんばく》の子《こ》の像《ぞう》」で鐘《かね》を鳴らしました。この像のモデルは、佐々木禎子《ささきさだこ》さんという、原爆の後遺症《こういしょう》で十二歳《さい》で亡《な》くなった少女です。禎子さんは二歳のとき、爆心地から一・七キロ離《はな》れたところで、放射能《ほうしゃのう》をふくんだ雨を浴びて被曝《ひばく》しました。その後、名古屋《なごや》の高校生からお見舞《みま》いに折《お》り鶴《づる》を贈《おく》られたのをきっかけに、「元気になれますように」という祈《いの》りを込《こ》めた千羽鶴《せんばづる》を折り始め、その願いもむなしく、帰らぬ人となりました。禎子さんの入院していた病院の患者《かんじゃ》たちも、彼女《かのじょ》に影響《えいきょう》されて一丸となって鶴を折ったというエピソードもあります。

佐々木さんの無念は、ナビラさんにも感じるところがあったはずです。原爆資料《げんばくしりょう》館《かん》でテレビ局のインタビュー取材を受けたナビラさんは、こんな発言をしています。

「私《わたし》もけがをしましたが、広島ではもっと小さい子たちが傷《きず》ついたのを見て、自分の痛《いた》みを一瞬忘《いっしゅんわす》れました。展示《てんじ》を見終わって心が悲しくなりました。広島の人たちも、私たちも、どちらもアメリカの爆弾《ばくだん》のせいで幼《おさな》い子どもが犠牲《ぎせい》になりました。

罪《つみ》のない人たちが亡《な》くなったのです。故郷《こきょう》のパキスタンも、一日でも早く、平和になってほしいです」

次にナビラさんが訪《おとず》れたのは、ユニタール（国連訓練調査研究所《こくれんくんれんちょうさけんきゅうじょ》）の広島事務所《じむしょ》でした。ユニタールは、平和創造《そうぞう》を「人間の安全保障《ほしょう》（社会面、経済面《けいざいめん》、環境面《かんきょうめん》、食糧《しょくりょう》面、健康面、個々人《ここじん》や政治《せいじ》面での安全）」の観点から考えるために設立《せつりつ》された国連の人材育成機関です。

ナビラさんは、民族的には「パシュトゥン人」に属《ぞく》しますが、パシュトゥン人はパキスタンとアフガニスタンにまたがって生活しています（このことについては第四章でくわしくお話しします）。ナビラさんはユニタールのアフガニスタン人職員《しょくいん》から、ナビラさんの母語であるパシュトゥン語で説明を受けました。

ユニタールでは、アフガニスタンの公務員《こうむいん》などを対象に、八か月間、原爆《げんばく》投下後の広島の復興《ふっこう》について学ぶ機会を与《あた》えています。二〇〇三年から毎年二十五人のフェロー（訓練生）を日本に招《まね》いており、二〇一〇年からはその人数を倍の五十人に増《ふ》やしました。四十年もの戦乱《せんらん》が続くアフガニスタンの人々に広島のケースを学んでもらうのは、彼《かれ》らに復興《ふっこう》のためのアイディアやノウハウを伝えるためです。

私《わたし》がアフガニスタンを訪《おとず》れたときの話ですが、首都・カブールで会った警察官《けいさつかん》が、自嘲《じちょう》ぎみにこんなことを言っていました。

「日本の戦後復興はすばらしい。アフガニスタンのこの道路を見てくれ！　戦争が終わって十年以上も経《た》つというのに、まだデコボコなんだ」

ユニタール広島事務所《じむしょ》のアレクサンダー・メヒア所長（当時）は、「アフガニスタン人たちは広島を訪問《ほうもん》し、戦争の後には平和が、破壊《はかい》の後には復興が、絶望《ぜつぼう》の後には希望があるということを理解《りかい》するのです」と言います。ユニタールで説明された内容《ないよう》は、十一歳《さい》の少女にとって難《むずか》しかったかもしれません。しかし、ナビラさんは真剣《しんけん》な表情《ひょうじょう》で聴《き》いていました。向学心が強い少女だと、あらためて思いました。

ユニタールから原爆資料館《げんばくしりょうかん》に戻《もど》る途中《とちゅう》、ナビラさんは、ふたたび原爆ドームの前を歩きました。同行したアシュラフ・アリーさんは、私《わたし》にこう尋《たず》ねました。

「日本人は、どうして原爆《げんばく》ドームを遺《のこ》しておくのですか?」

おそらく彼《かれ》は、過去《かこ》の傷《きず》を残しておくより、復興《ふっこう》した街のほうが尊《とうと》いのでは、ということを言いたかったのでしょう。お父さんのラフィークさんも、原爆ドームではなく、発展《はってん》した広島の街を背景《はいけい》に写真を撮《と》ってほしい、とリクエストしていました。

被爆者《ひばくしゃ》・小倉桂子《おぐらけいこ》さんとの出会い

原爆被爆者の小倉桂子さんは、英語で被爆体験を語る通訳者《つうやくしゃ》・ガイドのグループを一九八一年に立ち上げた人物です。流暢《りゅうちょう》な英語で被爆体験を語ることで、世界の人々に原爆の脅威《きょうい》を知ってもらう活動を続けています。

小倉さんは、ナビラさんがドローン攻撃《こうげき》を受けた年齢《ねんれい》とほとんど変わらない八歳《さい》のときに被爆しました。一九四五年八月六日の朝、突然閃光《とつぜんせんこう》に包まれ、爆風で道路にたたきつけられ、必死で家に戻《もど》ると家のなかのものがすべて破壊《はかい》され、近所の屋根が燃《も》え出《だ》し、人々が水を求めてうめいていたことを記憶《きおく》しています。

ナビラさんは、小倉さんからも話を聞きました。小倉さんが伝えたのは、原爆《げんばく》の恐《おそ》ろしさだけではありません。被爆者《ひばくしゃ》というだけで差別を受けた心の傷《きず》も伝えました。過去《かこ》の日本には、「被爆者と結婚《けっこん》すれば、障害《しょうがい》を持った子どもが生まれる」という考えが根強くあり、小倉さん自身、被爆者であることをなかなか言い出せなかったと明かしました。いつの時代も、大人たちが始めた戦争の犠牲《ぎせい》になるのは、弱い子どもたちです。

アメリカ軍の飛行機がやってきたときの空襲《くうしゅう》の恐怖《きょうふ》を語る小倉さんに、ナビラさんは、「いまも被爆のときの恐怖を感じることはありますか？」と尋《たず》ねました。小倉さんは、ナビラさんの目を見て、こう語りました。

「ええ、子どものほうが大人より、受けた恐怖を忘《わす》れないと思います。でも、それは悪いことばかりではなく、恐怖には『殺人をやめさせる』という、プラスの作用

ナビラさんは、原爆《げんばく》資料館《しりょうかん》の展示物《てんじぶつ》を、熱心に見学していた（2015年11月、広島市）

小倉桂子《おぐらけいこ》さん（中央）から被爆《ひばく》の体験《たいけん》を聞いて。別《わか》れ際《ぎわ》にナビラさんにハグをした

もあるんですよ。だから私《わたし》たちは、恐怖《きょうふ》を記憶《きおく》していかなければなりません。若《わか》い人はみな、自分が感じた恐怖を繰《く》り返《かえ》すまいとして、この世の悪いことと戦ってください。そして、広島、長崎《ながさき》のことを忘《わす》れないでください」

ナビラさんは小倉さんの話を聴《き》いて、決意を新たにしたようでした。

「戦争が続く故郷《こきょう》と重なりました。私もつらい思い出があるけれども、小倉さんのお話は、自分の痛《いた》みを忘れるくらい悲しかったです。早く戦争が終わるように、私は訴《うった》え続けます」

小倉さんはナビラさんとの話の最後に、こんなメッセージを伝えました。

「どんなにひどい仕打ちを受けても、人を恨《うら》んだり、憎《にく》んだりしてはいけません。広島や長崎の人たちは原爆《げんばく》という悲惨《ひさん》な体験をしましたが、けっしてアメリカに報《ほう》復《ふく》しようとはしませんでした」

テロとそれに対する報復が繰り返される環境《かんきょう》で生まれ育ったナビラさんには、小倉さんのこの言葉は、重たく響《ひび》いたことでしょう。

ナビラさんは、小倉さんとの別れの際《さい》、しっかりと手をつなぎ、にっこりと微笑《ほほえ》みました。

第二章 ナビラさんを巻《ま》き込《こ》んだ「対テロ戦争」

「アメリカ同時多発テロ」が起きるまで

ナビラさんもマララさんも、「対テロ戦争」の犠牲者《ぎせいしゃ》だと、前の章で書きました。この章では、「対テロ戦争」とは何か。そして、いつ始まり、なぜいまに至《いた》るまで続いているのかについて、説明をしていきます。

二〇〇一年九月十一日、アメリカで四機の旅客機《りょかくき》がハイジャックされ、ニューヨークにあった世界貿易《せかいぼうえき》センタービルに二機、アメリカ軍を管理する国防総省《こくぼうそうしょう》（建物の形から「ペンタゴン＝五角形」とも呼《よ》ばれます）に一機、またペンシルベニア州に一機が墜落《ついらく》しました。地上百十階という超高層《ちょうこうそう》の世界貿易《せかいぼうえき》センタービルから炎《ほのお》が上がってからしばらくして、ガラガラと崩《くず》れ落《お》ちていく映像《えいぞう》は、世界中に大きなショックを与《あた》えました。

この「9・11アメリカ同時多発テロ」は、イスラム系《けい》の国際《こくさい》テロ組織《そしき》「アルカイダ」というグループが引き起こしたものでした。アルカイダは、サウジアラビア出身のオサマ・ビンラディンという人がリーダーを務《つと》め、彼《かれ》が首謀者《しゅぼうしゃ》として考えられています。

みなさん、すぐには信じられないことかもしれませんが、じつは、オサマ・ビンラディンとアメリカは、昔は友好な関係にありました。一九七九年十二月にソビエト連邦《れんぽう》(現在《げんざい》のロシアなど)の軍隊がアフガニスタンに侵攻《しんこう》したのですが、このときビンラディンは、アフガニスタンに行ってソ連と戦いました。イスラム社会の一部の人たちは、「神の存在《そんざい》を否定《ひてい》する共産主義《しゅぎ》のソ連が、イスラムの地に入《はい》り込《こ》んでくるのは許《ゆる》せない」と考えました。ビンラディンも、こうした理由からアフガニス

2001年9月11日、世界貿易《せかいぼうえき》センタービルに旅客機《りょかくき》が突《つ》っ込《こ》み、ビルが崩《くず》れ落《お》ちた　時事通信フォト

タンでソ連と戦ったのです。

この時代、ソ連とアメリカは世界を二分して対立し、直接戦争《ちょくせつ》をするわけではありませんが、互《たが》いに核《かく》開発を進めるなどして、世界はいつ軍事衝突《しょうとつ》が起きるかとびくびくしていました。こうした対立構造《こうぞう》を「東西冷戦《とうざいれいせん》」といいます。アメリカはソ連がアフガニスタンを占領《せんりょう》することをさまたげるために、表だって戦うことはせず、オサマ・ビンラディンらの戦いを支持《しじ》し、武器《ぶき》やお金を与《あた》えていたのです。

およそ十年経《た》って、一九八九年二月、ソ連軍はアフガニスタンから撤退《てったい》しました。しかし、ビンラディンはアフガニスタンにとどまり、今度はアメリカに対して攻撃《こうげき》を仕掛《しか》けることを考え始めます。この背景《はいけい》を理解《りかい》するために、ここでは湾岸戦《わんがんせん》争《そう》について知っていただく必要があります。

今度は別のイスラム国家が舞台《ぶたい》になります。一九九〇年八月、中東のイラクがクウェートに侵攻《しんこう》しました。翌年《よくねん》には、アメリカ、イギリス、カナダなどがその解決のため、軍隊をサウジアラビアに送《おく》り込《こ》みました。サウジアラビアは、イスラム世界では中心的な役割《やくわり》を果たしている国家で、アメリカをはじめとする連合国に加わってイラクに攻撃《こうげき》を加えることに同意したのです。これが湾岸戦争《わんがんせんそう》です。

アメリカ軍は、イスラムの聖地《せいち》であるメッカやメディナがあるサウジアラビアに軍隊を駐留《ちゅうりゅう》させました。しかし、この行為《こうい》にこそ、ビンラディンは不満を持ちました。「アメリカが、イスラムをはずかしめている」と考えたのです。

サウジアラビアでは、一九九五年、一九九六年と立て続けにアメリカ軍の施設《しせつ》に対するテロが起こりました。また、一九九八年八月にはアフリカのケニアとタンザニアのアメリカ大使館で爆破事件《ばくはじけん》が発生しています。このとおり一九九〇年代、イスラム世界に軍隊を駐留し続けるアメリカに対して、テロ行為が頻繁《ひんぱん》に行われるようになりました。

これに対してアメリカも調査《ちょうさ》を進め、一連のテロを起こしているのが、オサマ・ビンラディンが率《ひき》いる国際的《こくさいてき》なテロリズムの支援《しえん》グループ「アルカイダ」だと考えるようになっていました。その証拠《しょうこ》に、ビル・クリントン大統領《だいとうりょう》（当時）は、ケニ

「アルカイダ」を率《ひき》いていたオサマ・ビンラディン　AFP＝時事

ア、タンザニアでテロが起きた際《さい》、同じ月にすぐ、アフガニスタンのアルカイダの訓練キャンプがあるとみられる地域《ちいき》と、スーダンのアルカイダの武器《ぶき》工場があると思われるところにミサイル攻撃《こうげき》を行っています。

それでもなお、アルカイダの活動は衰《おとろ》えませんでした。アメリカの軍艦《ぐんかん》に小型ボートで突《つ》っ込《こ》んでいく自爆《じばく》テロも行われました。彼《かれ》らのアメリカに対する憎《にく》しみは消えることなく、アメリカ本土に決定的なダメージを与《あた》えたテロ行為《こうい》が、二〇〇一年九月の同時多発テロだったのです。

同時多発テロを受け、アメリカのジョージ・ブッシュ大統領《だいとうりょう》（当時）は、テロと戦うことを宣言《せんげん》し、まずはオサマ・ビンラディンをかくまうアフガニスタンのタリバン政権《せいけん》に対して攻撃《こうげき》を行いました。タリバンは、オサマ・ビンラディンやアルカイダを「客人（ゲスト）」として保護《ほご》していたのです。ただしこれには理由があり、イスラム世界や、アフガニスタンの部族社会では、「庇護《ひご》を求める人を助けなければならない」という教えが息づいています。

同時多発テロのあった翌月《よくげつ》の十月、アメリカはさっそくアフガニスタンへの攻撃を開始し、タリバンと敵対《てきたい》していた「北部同盟《ほくぶどうめい》」という組織《そしき》を支援《しえん》しました。同じ年の十二月、アメリカ軍や北部同盟軍の攻撃を受けたタリバン政権《せいけん》は崩壊《ほうかい》します。

アフガニスタンだけでは終わらなかった

アメリカが掲《かか》げた「対テロ戦争」は、本来、同時多発テロを起こしたアルカイダを軍事的に弱体化させるか、組織をなくしてしまい、世界で起きているテロを絶《た》ち、アメリカをはじめ彼《かれ》らからねらわれる可能性《かのうせい》の高い各国の安全を図《はか》ることが目的でした。しかし、いまに至《いた》るまでイスラム過激派《かげきは》によるテロは続き、アメリカなど各国がそれに対する報復攻撃《ほうふくこうげき》を行っています。

じつは、アフガニスタンのタリバン政権《せいけん》を打倒《だとう》したアメリカは、それでも「対テロ戦争」を終わらせようとはしなかったのです。

ブッシュ大統領《だいとうりょう》は、アフガニスタンへの攻撃が終わると、今度は、「イラクのサダム・フセイン政権が、化学兵器など一度に大勢《おおぜい》の人々を殺害できる大量破壊《はかい》兵器を持っている」と言い出し、イラクに対して戦争を始めようと唱え出しました。こうして二〇〇三年三月にイラク戦争が始まりました。二〇一一年末にアメリカの駐《ちゅう》留部隊《りゅうぶたい》が撤退《てったい》するまでに、イラクの人々（もちろん軍人だけではありません）の、少なく見積もって十万人が亡《な》くなり、アメリカ軍の兵士も四千人以上が死亡《しぼう》した戦争です。

結果的に、アメリカにとって、イラク戦争は失敗でした。そもそも、「イラクのフセイン政権は、化学兵器、生物兵器、核兵器《かくへいき》という大量破壊兵器を持っていて危《き》険《けん》だ」というのが、ブッシュ大統領が戦争を始めた理由の一つでしたが、アメリカはイラク国内で大量破壊《はかい》兵器を見つけることができませんでした。

湾岸戦争《わんがんせんそう》でイラクがアメリカなど多国籍軍《たこくせきぐん》に敗れた際《さい》、すでに国連などが中心になってイラクに大量破壊兵器があるか、そして、そうした兵器の開発をしないように査察《ささつ》を繰《く》り返《かえ》していました。一九九〇年代に、イラクの大量破壊兵器はほとんどなくなっていたのです。

そのことをアメリカが知らなかったはずはありません。「アメリカが『大量破壊兵器』を口実にイラクを攻撃《こうげき》し、戦争を始めたのには、何か別の理由があったのでは？」と、世界中が考えるようになりました。

アメリカがイラク戦争を始めた理由は、いくつか考えられます。

・イラク国内にある石油を手に入れたかった。

・フセイン政権《せいけん》が湾岸戦争の際に、アメリカの同盟国《どうめいこく》であるイスラエルにミサイルを撃《う》ち込《こ》んだので、イスラエルの安全のためにフセイン政権を倒《たお》したかった。

・戦争になれば、アメリカの軍需産業《ぐんじゅさんぎょう》が製造《せいぞう》する武器《ぶき》・弾薬《だんやく》を大量に売り込めるの

イラク人捕虜《ほりょ》に銃《じゅう》を向けるアメリカ軍の海兵隊員《かいへいたいいん》。イラク戦争が終わるまでに、10万人以上のイラクの人たちが犠牲《ぎせい》となった（2003年3月、イラク）

dpa/時事通信フォト

で、経済的《けいざいてき》にもメリットがあると思った。

イラク戦争が、「じつは、アメリカの都合で始められたものだった」となりますと、当然のことながら、これに協力した国々のなかから、「イラク戦争は正しかったのか？」と疑問《ぎもん》の声が上がりました。ブッシュ大統領《だいとうりょう》は、「フセイン政権《せいけん》を倒《たお》して、イラクに自由や民主主義《みんしゅしゅぎ》をもたらすのだ」とも訴《うった》えましたが、恨《うら》みや欲得《よくとく》ずくで戦争をしたのであれば、許《ゆる》されることではありません。現《げん》にイギリスでは、アメリカに協力してイラクの大量破壊《はかい》兵器に関する情報《じょうほう》をでっち上げたと、トニー・ブレア首相《しゅしょう》（当時）に対する批判《ひはん》が沸騰《ふっとう》しました。

ブッシュ大統領は、「大規模《だいきぼ》な戦闘《せんとう》は終わった」と宣言《せんげん》しましたが、イラク国内での戦闘状態《じょうたい》は収《おさ》まることなくブッシュ大統領の任期《にんき》は終わり、民主党所属《みんしゅとうしょぞく》のオバマ大統領が誕生《たんじょう》しました。

オバマ政権は、地上軍を派遣《はけん》して「対テロ戦争」を行うことをためらうようになりました。「大量破壊兵器」がなかったことによる国際的《こくさいてき》な非難《ひなん》を浴びていましたし、多くのアメリカ軍兵士が亡《な》くなっている状況《じょうきょう》で、さらに内戦で荒《あ》れに荒れているイラクの地上に兵士を送ることは、相当に危険《きけん》だと判断《はんだん》したからです。

そこでドローン、つまり無人飛行機にミサイルなど武器《ぶき》を積んで攻撃《こうげき》する作戦が始まったのです。

アメリカ本土で操縦《そうじゅう》して中東を攻撃

アメリカの国防総省《こくぼうそうしょう》は二〇一五年十一月、イスラム国（ＩＳ）のスポークスマン的な役割《やくわり》を果たしていたジハーディ・ジョンと呼《よ》ばれる人物を殺害したことを明らかにしました。この男は、日本人のフリージャーナリスト・後藤健二《ごとうけんじ》さんと、会社経営者《かいしゃけいえいしゃ》の湯川遥菜《ゆかわはるな》さんを拘束《こうそく》し、身代金《みのしろきん》を要求するビデオに登場しており、彼《かれ》らを殺した人物だと考えられています。アメリカがジハーディ・ジョンを殺すために使ったのが、ドローンでした。

ドローンによる空爆《くうばく》は、「オバマ・ドクトリン（オバマ大統領《だいとうりょう》の基本政策《きほんせいさく》）」とも形《けい》容《よう》され、アフガニスタンやパキスタンのタリバン、イエメンのアルカイダ、イラクやシリアのISなどの武装集団《ぶそうしゅうだん》に対して多用されるようになりました。オバマ政権《せいけん》が誕生《たんじょう》してからの五年間で、アメリカは、パキスタン、イエメン、ソマリアの三か国で三百九十回以上にわたりドローン攻撃《こうげき》を行っています（イギリスの調査団体《ちょうさだんたい》BIJの調査結果）。これは、ブッシュ政権のときと比《くら》べると、じつに八倍もの攻撃回数です。二〇〇一年九月に同時多発テロが発生して以来、アフガニスタンとイラクでのアメリカ軍兵士の死者数は六千七百人以上を数えます（アメリカ国防総省《こくぼうそうしょう》の報告《ほうこく》）。この反省からオバマ政権では、兵士を危険《きけん》にさらすことがないドローンの攻撃を増《ふ》やし、ほとんどの対テロ作戦を、ドローンで行うことにしたのです。

アメリカ南部にあるホロマン空軍基地《きち》は、ドローン攻撃訓練の最大の拠点《きょてん》です。驚《おどろ》くべきことですが、この基地から中東に配備《はいび》されているドローンに遠隔操作《えんかくそうさ》で命令を出し、人や建物に向かってミサイルを撃《う》ち込《こ》んでいるのです。

ドローンのコクピット（操縦席《そうじゅうせき》）は畳《たたみ》二畳《じょう》分ほどの広さで、パイロットが二人います。一人が操縦《そうじゅう》して、もう一人がモニターを監視《かんし》して標的を捜《さが》し、攻撃《こうげき》するのです。「リーパー型」というタイプのドローンにはミサイル四発、爆弾《ばくだん》二個《こ》、七種類のカメラが搭載《とうさい》されており、地上から五キロ離《はな》れたところからピンポイントで、つまりねらった地点に向け、正確《せいかく》に攻撃できるといいます。

ホロマン空軍基地《きち》のロバート・キープラー司令官は、あるテレビ番組でこんなことを言っていました。

「ドローンは広い範囲《はんい》の攻撃には向いていませんが、人や車両をねらうには非常《ひじょう》にすばらしい兵器です」

「ドローンは米軍にすばらしい恩恵《おんけい》をもたらしています。つねに世界中のどこかを飛んでいて、テロリストのいる上空に長い時間滞在《たいざい》し、標的を監視できるのです」

ナビラさんと、彼女《かのじょ》のおばあさんを襲《おそ》ったのも、ホロマン空軍基地で操作されたドローンの一機でした。

ドローンによる攻撃は、罪《つみ》のない市民の犠牲《ぎせい》をもたらします。ナビラさんと同じ

「リーパー型」のドローン。ミサイルや爆弾《ばくだん》が積まれ、無人で空を飛ぶ

AFP＝時事

パイロットが二人でドローンを遠隔操作《えんかくそうさ》し、攻撃《こうげき》する（ホロマン空軍基地《きち》）

時事

ような恐怖《きょうふ》を味わい、肉親を失った人は、数多くいるのです。二〇一五年十月、パキスタンの新聞「ネーション」は、二〇〇一～二〇一二年にアフガニスタンにおいて米軍の軍事行動の犠牲《ぎせい》になった市民の数を六千四百八十一人と見積もりました。ドローンによる攻撃《こうげき》を、アメリカ政府《せいふ》の人たちは、「bug splat（本来は昆虫《こんちゅう》をつぶしたときの擬音《ぎおん》を表す）」と呼《よ》んでいます。人の命を虫けらか何かのように、とんでもなく軽く見ていることがわかります。

アメリカの映画《えいが》に、『ドローン・オブ・ウォー』（二〇一四年製作《せいさく》、アンドリュー・ニコル監督《かんとく》）という作品があります。ドローンのパイロットを描《えが》いたものですが、敵《てき》を追《お》い詰《つ》めるために一般市民《いっぱんしみん》の犠牲もいとわないアメリカ軍の冷酷《れいこく》な一面が描かれています。主人公のパイロットは、ドローン攻撃で犠牲となる市民が増《ふ》えるにつれ、精神《せいしん》の安定を失っていきます。それはそうでしょう。自らは安全なところにいて、自分の指先の動き一つで、次々と人が死んでいくのです。それも、罪《つみ》のない、一般市民まで巻《ま》き込《こ》んで……。

「ドローン攻撃《こうげき》は不可欠《ふかけつ》だ」という日本の新聞

こうしたアメリカの作戦の結果、アフガニスタンやパキスタンの国民の反米感情《はんべいかんじょう》はとても強いものになりました。

アメリカは、パキスタンやイエメンにおける無人機攻撃を、「アメリカを守るため」という理由で行っています。しかし、他国の主権《しゅけん》を侵《おか》して無人機を使って攻撃することは、国際的《こくさいてき》な合意や取り決めがありません。アメリカが、勝手に自国のルールで攻撃を繰《く》り返《かえ》しているのが実状《じつじょう》です。

人権を守り、難民《なんみん》を救うなどの活動をしている国際的な非政府組織《ひせいふそしき》「アムネスティ・インターナショナル」はパキスタンで行われたドローンによる攻撃について調査《ちょうさ》した結果を報告《ほうこく》しています（二〇一三年十月）。アムネスティは、ナビラさんのおばあさんのモミナ・ビビさんが犠牲《ぎせい》になったことも調べており、「ビビさんの近くにいたタリバン兵が衛星電話《えいせいでんわ》を使用したことに、無人機が反応《はんのう》してしまった」と推測《すいそく》しています。アムネスティはこうした市民を殺害した行為《こうい》は「戦争犯罪《せんそうはんざい》」に当たり、正当化する理由がまったくないと断定《だんてい》し、公正に調査《ちょうさ》したうえで、「非合法《ひごうほう》的《てき》な殺人を行った者たちは厳《きび》しく処罰《しょばつ》されるべきだ」と主張《しゅちょう》しました。

また、アムネスティは、パキスタン政府《せいふ》が無人機による攻撃《こうげき》に対して国民を守る十分な手立てを行わず、市民の犠牲《ぎせい》に関する調査も満足に行っていないことも、あわせて指摘《してき》しています。

国連とも協議できるほど影響力《えいきょうりょく》の大きいアムネスティの調査結果があるにもかかわらず、それでもアメリカは、モミナ・ビビさんがドローン攻撃によって亡《な》くなったことを認《みと》めようとはしません。したがって、ナビラさんたち遺族《いぞく》は、アメリカから何らかの補償《ほしょう》どころか、謝罪《しゃざい》の言葉一つ、掛《か》けられていません。

もし、みなさんの家族がある日突然《とつぜん》、空から降《ふ》ってきたミサイルで殺されたら、どう感じるでしょう。戦争をしている兵士でもない家族が、みんなで食べるためのオクラを摘《つ》んでいた家族が、あっという間に殺されたとしたら、誰《だれ》だってナビラさんのお父さんのように悲しみ、ミサイルを撃《う》ち込《こ》んだ国に対して怒《いか》りの感情《かんじょう》を抱《いだ》くのではないでしょうか。

日本の一部の新聞は、「テロとの戦いを続けるアメリカにとって、無人機は不可《ふか》欠《けつ》である」という主張《しゅちょう》をしています。このような記事を書く新聞記者は、ナビラさんのように、何の罪《つみ》もない子どもがドローンの被害《ひがい》を受けていることを知っているのでしょうか。それとも、そうした悲惨《ひさん》な現実《げんじつ》を知ったうえで、「テロをなくすために、それくらいの犠牲《ぎせい》は仕方がない」とでも思っているのでしょうか。

国際的《こくさいてき》な批判《ひはん》を受け、オバマ政権《せいけん》は二〇一〇年から無人機による攻撃《こうげき》回数を減《へ》らしたといいますが、現《げん》にパキスタンの部族地域《ちいき》でナビラさんはドローンによる攻撃を受けました。CIA（アメリカ中央情報局《ちゅうおうじょうほうきょく》）長官で、オバマ政権の一期目で国土安《こくどあん》全保障《ぜんほしょう》・テロ対策担当補佐官《たいさくたんとうほさかん》を務《つと》めたジョン・オーウェン・ブレナン氏は、「二〇一〇年以降《いこう》、ドローン攻撃によって市民が巻《ま》き添《ぞ》えになって亡《な》くなったことはない」と述《の》べましたが、それが事実でないことは、ナビラさんの家族に降《ふ》りかかった不幸からもはっきりしています。

オバマ大統領《だいとうりょう》はドローンでミサイル攻撃《こうげき》を仕掛《しか》けているほか、現地《げんち》にいるアメリカと友好的な関係を持つ武装勢力《ぶそうせいりょく》に武器や資金《しきん》を流すという二つの作戦で、イスラム過激派《かげきは》を根絶《ねだ》やしにしようと考えました。しかし、これらの作戦がまったく効果《こうか》を上げていないことは、アフガニスタンや、ナビラさんの住むパキスタンの部族地《ち》域《いき》で、タリバンの活動がやまないことや、シリアやイラクでＩＳの勢《いきお》いが衰《おとろ》えないことからも明らかです。

ドローンのような自国の兵士たちが傷《きず》つかない兵器が威力《いりょく》を持てば持つほど、それを使いたがる国々が現《あらわ》れることでしょう。実際《じっさい》、アメリカの同盟国《どうめいこく》であるイスラエルは、ガザ地区で暮《く》らすイスラムの人々に対してドローンを用いた空爆《くうばく》を繰《く》り返《かえ》しています。

テロリストを育てたアメリカ

話を、アフガニスタンからソ連軍が撤退《てったい》した一九八九年まで戻《もど》しましょう。

長年の戦争で荒《あ》れ果《は》てた一九九〇年代のアフガニスタンには、「軍閥《ぐんばつ》」と呼《よ》ばれる軍事力を持った集団《しゅうだん》がいくつもでき、それぞれが戦うという内戦状態《じょうたい》が続いていました。この混乱《こんらん》を収《おさ》めたのが「タリバン」でした。タリバンは、もともとは、アラビア語で「学生たち」といった意味の言葉ですが、いまでは、おもにパキスタンとアフガニスタンで活動するイスラム原理主義《げんりしゅぎ》の組織《そしき》といった意味で理解《りかい》されることが多いです。

パキスタン軍の支援《しえん》を受けてアフガニスタンの混乱を収めたタリバンでしたが、そのメンバーの多くは戦争による孤児《こじ》たちでした。彼《かれ》らは思《おも》い込《こ》みによって、イスラムを自分たちに都合よく解釈《かいしゃく》し、「女性《じょせい》に教育を受けさせてはいけない」という考えに凝《こ》り固《かた》まり、少女たちが文字を読めない状態にして、社会への参加をさまたげるようになりました。

ソ連との戦争で荒廃《こうはい》したアフガニスタンが抱《かか》えた特有の事情《じじょう》から、タリバンという組織《そしき》は生まれましたが、ナビラさんやマララさんが生まれ育ったパキスタン西北の連邦直轄部族地域《れんぽうちょっかつぶぞくちいき》（ＦＡＴＡ）でも、その影響《えいきょう》を受けた組織が登場することになります。

タリバンのなかでも過激《かげき》な「パキスタン・タリバン運動」（ＴＴＰ）は、二〇〇一年にアメリカがアフガニスタンのタリバン政権《せいけん》を崩壊《ほうかい》させた後に生まれ、成長しました。参加しているのは、部族地域で暮《く》らす、職《しょく》のない若《わか》い人たちです。とくにナビラさんが生まれ育った北ワズィーレスタンというところは、ＦＡＴＡを構成《こうせい》する七つの部族地域のうちでももっとも人口が多く、およそ七十万人のパシュトゥン人たちが住んでいると推定《すいてい》されます。

部族地域は、長い歴史の間、「パシュトゥンワーリー」と呼《よ》ばれる部族に伝わる法によって支配《しはい》されてきました。しかし、一九七九年に隣《となり》のアフガニスタンにソ連軍が侵攻《しんこう》し、イスラムの教えに従《したが》って異民族《いみんぞく》と戦うことを主義《しゅぎ》とする「ムジャヒディン」と呼ばれる勢力《せいりょく》が抵抗《ていこう》すると、部族地域《ちいき》でも、イスラム法の影響力《えいきょうりょく》が強くなりました。

一九七八年、アフガニスタンに、アメリカと敵対《てきたい》する共産党《きょうさんとう》の政府《せいふ》ができると、アメリカのCIA、サウジアラビア、またパキスタンの統合軍情報部《とうごうぐんじょうほうぶ》（ISI）といった情報機関は、部族地域のなかでも過激《かげき》なイスラム組織《そしき》を支援《しえん》して、政府と対立させました。まさにそのことが、イスラムの組織のなかに、「武力《ぶりょく》や暴力《ぼうりょく》で政治を決めることができるんだ」という考え方の土台をつくりました。その考え方はどんどん過激さを増《ま》して、いまや「テロ」という行為《こうい》で世界中を恐怖《きょうふ》におとしいれていますが、もともと、TTPの運動が成長する種をまいたのは、アメリカやパキスタンの政府・軍だったのです。

さらに、アメリカの都合によって、パキスタンの部族地域の混乱《こんらん》はいっそうひどくなります。アメリカ政府は、二〇〇三年にイラク戦争を始めることになると、パキスタンの部族地域《ちいき》での暴力《ぼうりょく》に、だんだんと関心をはらわなくなっていきました。「パキスタンより、イラクのほうが目の前の問題」というわけです。アメリカの介《かい》入《にゅう》が減《へ》ったことで、TTPは軍事的、組織的《そしきてき》に成長し、力をつけていきます。

そのアメリカは、同時多発テロ事件《じけん》の首謀者《しゅぼうしゃ》とされるオサマ・ビンラディンを捕《つか》まえられなかったこともあり、パキスタン政府《せいふ》に圧力《あつりょく》を掛《か》けて、TTPに対して攻《こう》撃《げき》を加えるよう、うながします。アメリカの意向を受けたパキスタンのパルヴェーズ・ムシャラフ大統領《だいとうりょう》（当時）は二〇〇四年三月、FATAに軍隊を送り、それから二年あまり、部族地域を舞台《ぶたい》にパキスタン軍とタリバンの戦いが続きました。

このパキスタン軍による攻撃は、部族社会をさらなる混乱《こんらん》におとしいれました。TTPは部族地域を支配《しはい》すると、音楽を聞くことを禁《きん》じ、ビデオ店を焼《や》き払《はら》い、さらに女子の学校を破壊《はかい》するという極端《きょくたん》な行動をとって、「イスラム教の原点に返れ」と、彼《かれ》ら独自《どくじ》の宗教観《しゅうきょうかん》を押《お》しつけるようになったのです。

アメリカとイスラム世界の対立のきっかけ

イスラムの武装勢力《ぶそうせいりょく》は、なぜこれほどまでに欧米《おうべい》の社会を憎《にく》むのでしょう。世界中で起きているテロ事件《じけん》を理解《りかい》するうえで、アメリカ、ヨーロッパの国々とイスラム世界の関係について、おさらいしておく必要があります。

*

十九世紀のアメリカは、「孤立主義《こりつしゅぎ》」といって、アメリカ大陸以外のことには関《かん》与《よ》しないという外交方針《ほうしん》を採《と》っていました。アメリカはイギリスから独立《どくりつ》して成り立った国ですから、イギリスをはじめヨーロッパ諸国《しょこく》に干渉《かんしょう》されたり、支配《しはい》されたりしたくないという理由で外国と関係を持たず、国内の発展《はってん》に力を注ぎました。その結果、十九世紀末までに世界最大の工業国となります。

しかし、このアメリカの方針も第一次世界大戦によって崩《くず》れます。第一次世界大戦で、ドイツが潜水艦《せんすいかん》であらゆる国籍《こくせき》の船を沈《しず》めようとすると（これは「無制限潜水《むせいげんせんすい》艦作戦《かんさくせん》」と呼《よ》ばれています）、ウッドロー・ウィルソン大統領《だいとうりょう》（当時）はヨーロッパにアメリカの軍隊を送る決意をし、建国後初めて、ヨーロッパを中心とした国際政治《こくさいせいじ》に参加することになったのです。

ウィルソン大統領は、第一次世界大戦が終わると、世界の平和を維持《いじ》するための国際機関《きかん》の創設《そうせつ》を唱えます。その構想《こうそう》に基《もと》づいてつくられたのが、いまの国際連合《こくさいれんごう》（国連）の前身である国際連盟《こくさいれんめい》です。しかし、言い出しっぺのアメリカは参加しませんでした。アメリカには、孤立主義《こりつしゅぎ》の伝統《でんとう》があったからです。

意外な感じを受けるかもしれませんが、アメリカが世界の多くのことに口を出し、ときに軍隊を派遣《はけん》するなどの行動で威力《いりょく》を示《しめ》すようになったのは、第二次世界大戦より後のことです。当時、アメリカと肩《かた》を並《なら》べる大国だったソ連の影響力《えいきょうりょく》が、世界に広がることを警戒《けいかい》して、外交政策《がいこうせいさく》を変えていったのです。

そのアメリカが中東で支援《しえん》するようになった国が、一九四八年に建国されたイスラエルという国です。

イスラエルは、ユダヤ教を信じる人々、ユダヤ人によって建国された国です。独《どく》裁者《さいしゃ》、アドルフ・ヒトラーが率《ひき》いたナチス・ドイツが、ユダヤ人たちに対して残虐《ざんぎゃく》な迫害《はくがい》を行ったことは、知っている人も多いでしょう。六百万人ともいわれる犠牲《ぎせい》者《しゃ》を出したユダヤ人大虐殺《だいぎゃくさつ》は、「ホロコースト」と呼《よ》ばれています。

第二次世界大戦後、ホロコーストの実態《じったい》が明らかになると、アメリカやヨーロッパでユダヤ人に対する同情《どうじょう》が高まり、欧米諸国《おうべいしょこく》がパレスチナにユダヤ人の国をつくることを支持《しじ》するようになります。しかし、ユダヤ人の国をつくるということは、それまでパレスチナで暮《く》らしてきたアラブ系《けい》の人たちから土地を奪《うば》うということを意味しました。アラブの人たちは、ユダヤ人に対する迫害とは何の関係もないというのに、です。

一九四七年十一月に国連総会《こくれんそうかい》が開かれ、パレスチナ分割《ぶんかつ》決議案が採択《さいたく》されました。パレスチナを、アラブ人とユダヤ人それぞれが住むエリアに分けてしまおうという案です。しかも、パレスチナに住むアラブ人の数のほうがユダヤ人よりも多いのにもかかわらず、ユダヤ人に対して、より広く、交通の便もよく、水資源《しげん》も豊富《ほうふ》な土地を与《あた》えようという、誰《だれ》が見てもユダヤ人をひいきした分割《ぶんかつ》案だったのです。

この国連決議案が成立した背景《はいけい》には、アメリカのハリー・トルーマン大統領《だいとうりょう》（当時）の力が強く働いていました。トルーマン大統領は、イスラエルを支持《しじ》することで、翌年《よくねん》に控《ひか》えていた大統領選挙でアメリカ国内のユダヤ人たちが彼《かれ》に投票してくれることを期待したのです。

一九四八年五月、ユダヤ人の国、イスラエルが建国宣言《せんげん》をすると、パレスチナのアラブ人を支持するアラブ諸国《しょこく》が、イスラエルを戦争で消滅《しょうめつ》させようと戦いを挑《いど》みます。しかし、イスラエルは世界中のユダヤ人たちから豊富な資金援助《しきんえんじょ》を受け、武《ぶ》器《き》を買い、次第《しだい》にアラブ諸国の軍隊を圧倒《あっとう》していきました。この結果、イスラエルという国が、アラブ諸国の真ん中ともいえる位置に誕生《たんじょう》したのです。

この第一次中東戦争によって、多くのパレスチナ人たちが故郷《こきょう》を追われることに

イスラエルの建国と領土《りょうど》の拡大《かくだい》

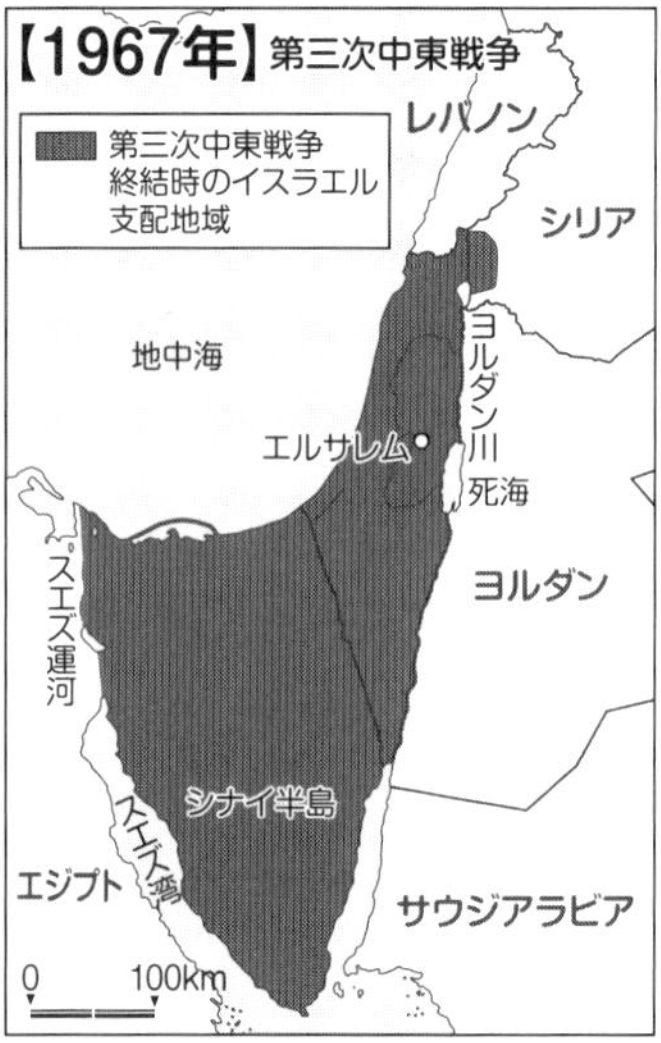

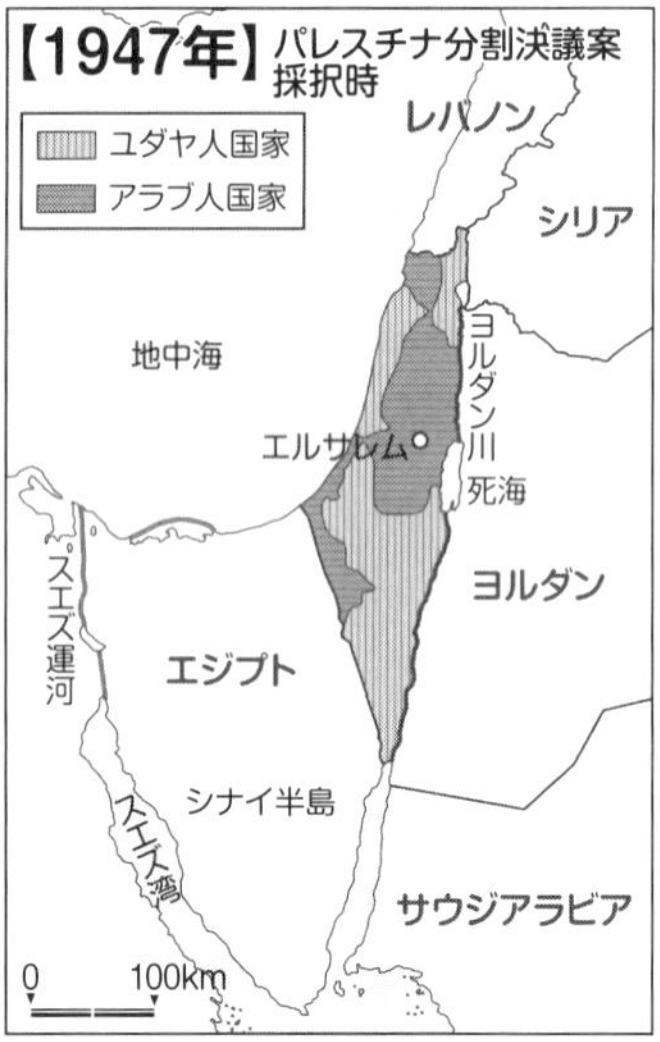

なりました。イスラエルが国家として成立したことで、大量の難民《なんみん》が周辺のヨルダン、シリア、レバノン、エジプトなどの国に逃《のが》れたのです。

計算どおり、アメリカ国内のユダヤ人たちの投票のおかげで、トルーマン大統領《だいとうりょう》は無事に再選《さいせん》されました。このように、アメリカではイスラエルを支援《しえん》する団体《だんたい》が大きな力を持っています。アメリカのユダヤ人たちは、選挙における投票率《とうひょうりつ》が高く、また事業で成功している人も多いので、多額《たがく》のお金を政治家《せいじか》たちに寄付《きふ》しています。そのことによって、アメリカ政府がイスラエルに有利な外交政策《がいこうせいさく》を採《と》るように働きかけているのです。イスラエルとアラブ諸国《しょこく》の間に起きた中東戦争において、アメリカはイスラエルに武器《ぶき》や弾薬《だんやく》を提供《ていきょう》しました。

一九六七年の第三次中東戦争では、イスラエルは、たった六日間のうちに圧倒的《あっとうてき》な勝利を収《おさ》め、ヨルダン川西岸やガザ、ゴラン高原といった地域《ちいき》を占領《せんりょう》するようになりました。イスラエルは占領した土地に入植地（ユダヤ人たちの住宅《じゅうたく》）を建設《けんせつ》し、それが現在《げんざい》でも拡大《かくだい》を続けていますが、占領した土地に住宅をつくることは、国際《こくさい》

イスラエルとパレスチナ過激派《かげきは》の間で72時間の停戦《ていせん》が約束されたが、3時間も経《た》たないうちに、少なくとも35人のパレスチナの人が殺害された。瓦礫《がれき》のなかで、7歳《さい》の少年が途方《とほう》に暮《く》れている（2014年8月1日）　EPA＝時事

法《ほう》によって禁《きん》じられています。アメリカは入植地の拡大《かくだい》を非難《ひなん》する国連決議案に拒否権《きょひけん》を行使したり、あるいは投票をしないという棄権《きけん》を行ったりしています。

さらに、二〇一四年夏にはイスラエルがガザを攻撃《こうげき》し、二千人以上のパレスチナ人たちが犠牲《ぎせい》になりましたが、このときもアメリカはイスラエルに武器《ぶき》を与《あた》えています。一般市民《いっぱんしみん》まで攻撃対象にしているイスラエルの行為《こうい》は国際法《こくさいほう》に違反《いはん》しており、「戦争犯罪《せんそうはんざい》」だという指摘《してき》もあります。それでもイスラエルを支持《しじ》するアメリカの姿勢《しせい》は、アラブ・イスラムの人々からは、「不正義《ふせいぎ》な行い」とみられているのです。

イスラムという宗教《しゅうきょう》の根幹《こんかん》にあるのは、「正義」という価値観《かちかん》です。イスラム教徒（ムスリム）たちは、これをとくに重んじます。また、イスラム教徒たちは、同じ宗教を信仰《しんこう》する人たちが苦しめられていることに強く同情《どうじょう》します。第四章でくわしくお話ししますが、イスラムという宗教には、互《たが》いに助け合う「相互扶助《そうごふじょ》」の考えが根強くあるのです。ガザの人々がイスラエルに攻撃《こうげき》されれば、地理的には遠く離《はな》れたインドネシアのイスラム教徒たちからも同情の声と、イスラエルに対する反発の声がいっせいに上がります。

強国の思惑《おもわく》で引《ひ》き裂《さ》かれた民族

一方、ヨーロッパとイスラム世界の関係を見てみましょう。

十九世紀、イギリス、フランス、ロシアは、東西の交易《こうえき》をつなぐ要衝《ようしょう》として世界を支配《しはい》していたトルコのオスマン帝国《ていこく》に対し、植民地支配をしようと進出を始めました。オスマン帝国《ていこく》が弱体化したタイミングをねらって、さまざまな経済的《けいざいてき》な利益《りえき》をとろうとしたのです。

ロシアは、黒海《こっかい》と地中海《ちちゅうかい》をつなぐボスフォラス海峡《かいきょう》を自由に船で航行したいという目的で、オスマン帝国に対して何度も戦争を挑《いど》んでいます。さらに、オスマン帝国のなかにあった宗教的聖地《しゅうきょうてきせいち》であるエルサレムの管轄権《かんかつけん》をめぐって、ロシアはイギリス、フランスなどと対立し、黒海の北側でクリミア戦争も引き起こしています（一八五三〜一八五六年）。

イギリスとフランスも、第一次世界大戦でトルコのオスマン帝国と戦いました。イギリスは、オスマン帝国に住んでいたアラブ人たちに反乱《はんらん》を起こさせることで勝利しようとします。アカデミー賞の作品賞他七部門を受賞した映画《えいが》『アラビアのロレンス』（一九六二年製作《せいさく》、デヴィッド・リーン監督《かんとく》）では、オスマン帝国と戦うアラブ人たちの様子が描《えが》かれています。

第一次世界大戦の最中《さなか》、イギリスとフランスとロシアは、オスマン帝国のアラブ地域《ちいき》を三国の間で分割《ぶんかつ》することを勝手に約束してしまいます。「サイクス・ピコ協定」という秘密条約《ひみつじょうやく》です。彼《かれ》らは定規《じょうぎ》で引いたような境界線《きょうかいせん》をアラブ地域《ちいき》に引きました。しかも、中東イスラム地域の民族や宗派《しゅうは》を、まるで考慮《こうりょ》しないで引いたのです。これが現在《げんざい》のアラブ諸国《しょこく》の国境《こっきょう》となり、これによって生まれた国や地域が、現在のイラク、ヨルダン、イスラエル（パレスチナ）、シリア、レバノンなのです。

この勝手な国境線を引く作業において、クルド人という民族のことはまるで考慮されず、そのためクルド人の国家は誕生《たんじょう》しませんでした。ですので、現在に至《いた》るまで、クルド人はトルコ、イラク、イラン、シリアに分かれて暮《く》らしています。

ヨーロッパで生まれた、「一つの国家は一つの民族によって構成《こうせい》される」という考えがあります。これを「ネーション・ステート」といいますが、そんな思想を持つ彼らの勝手な線引きによって、クルド人のように国を持てない民族が生まれたのですから、強国の都合に基《もと》づいた傲慢《ごうまん》な振《ふ》る舞《ま》いとしか言いようがありません。

一九二三年、オスマン帝国《ていこく》に代わって「トルコ共和国」が創設《そうせつ》され、初代大統領《だいとうりょう》

西アジアの領土《りょうど》の変化《へんか》

【オスマン帝国《ていこく》の領土縮小《しゅくしょう》】

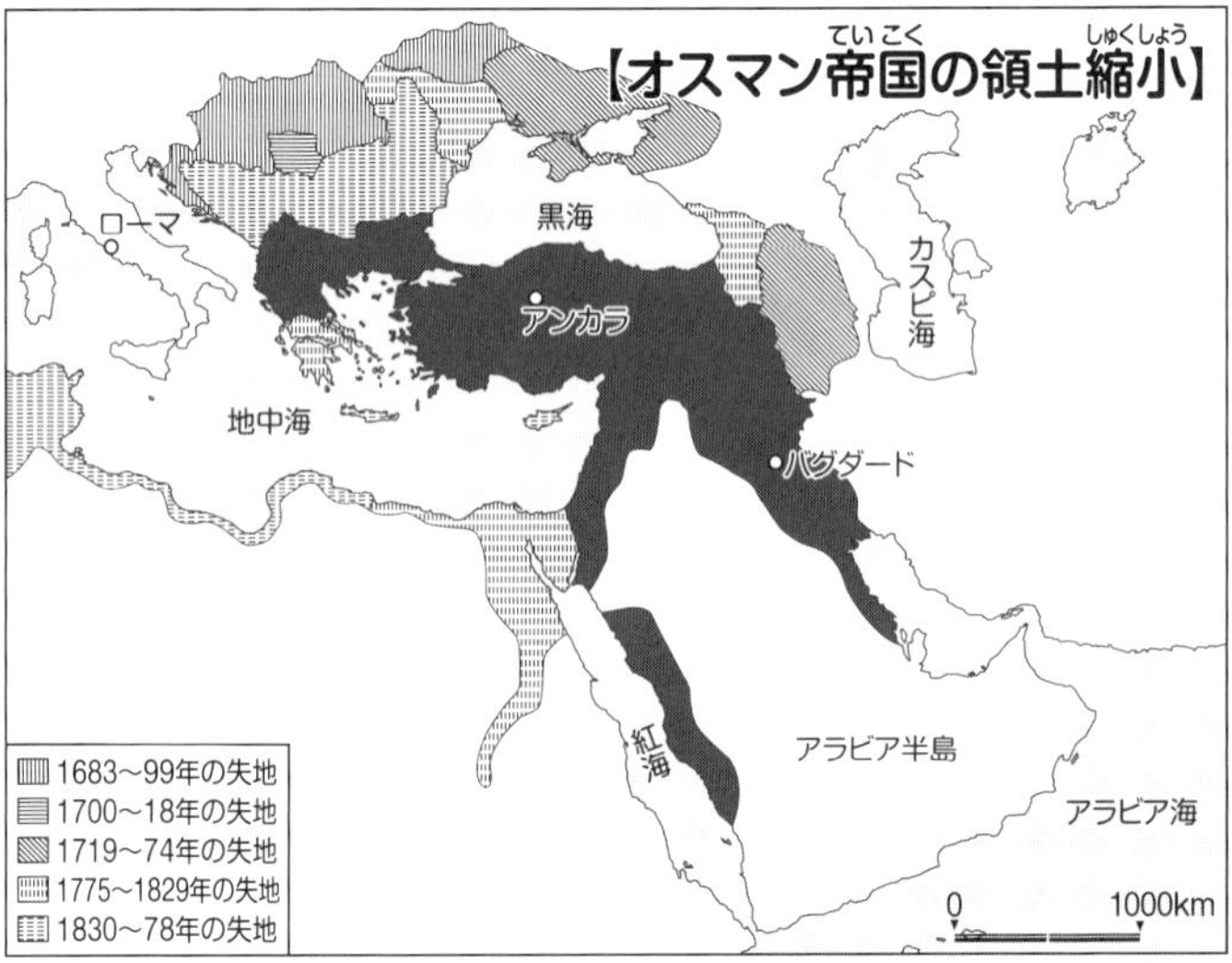

【サイクス・ピコ協定（1916年）による オスマン帝国分割案《ぶんかつあん》】

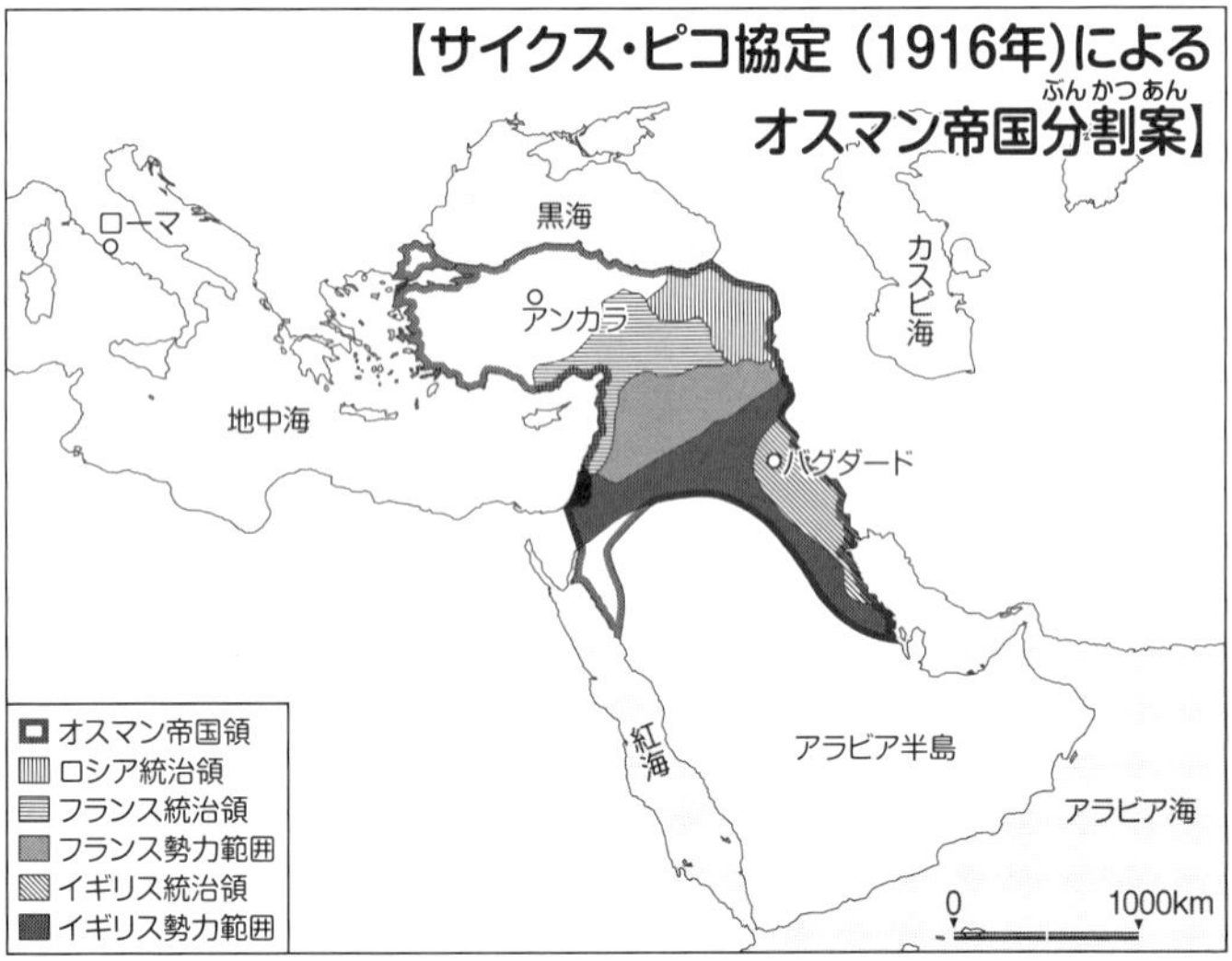

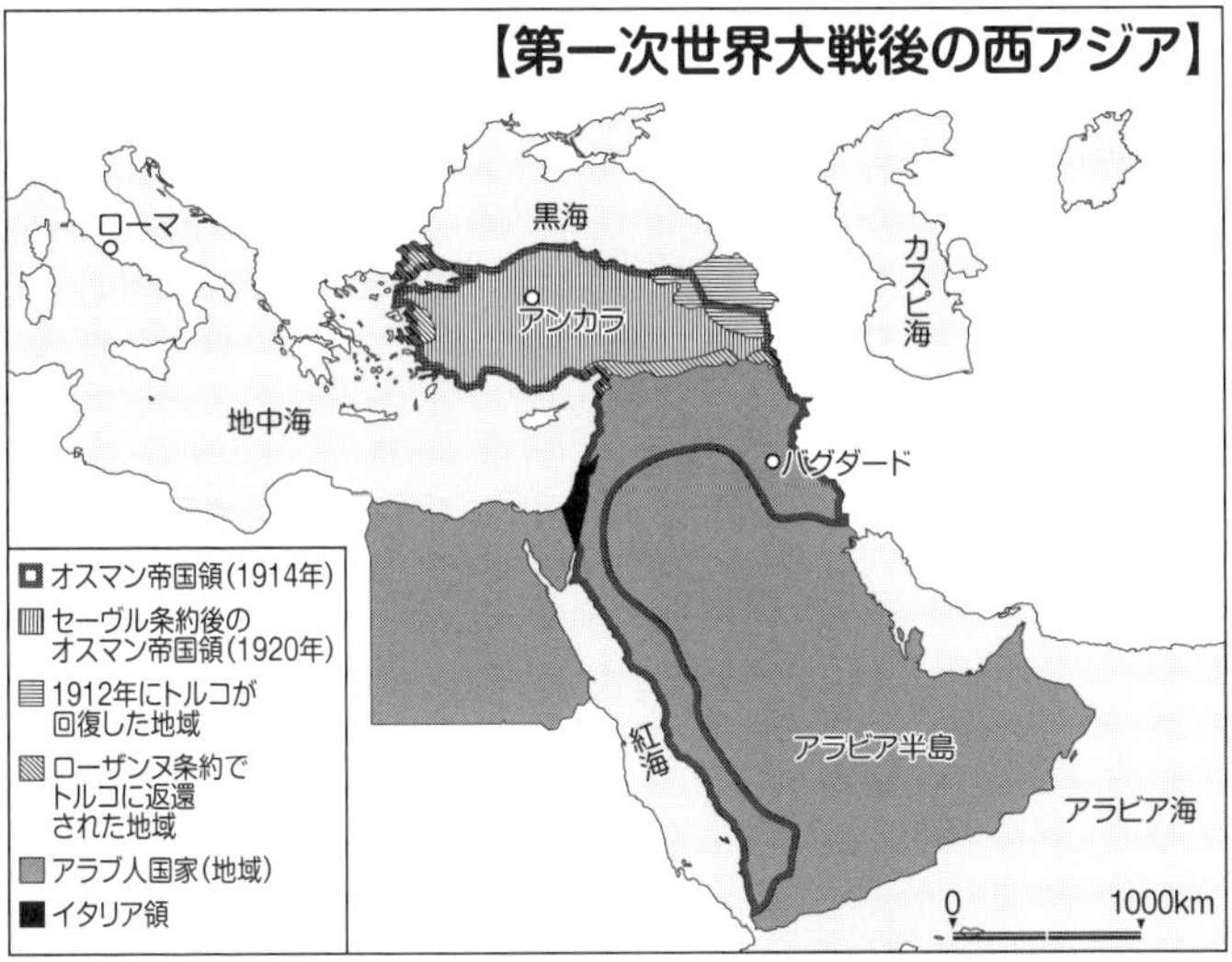
【第一次世界大戦後の西アジア】
ローマ
黒海
カスピ海
アンカラ
地中海
バグダード
オスマン帝国領(1914年)
セーヴル条約後の
オスマン帝国領(1920年)
1912年にトルコが
回復した地域
ローザンヌ条約で
トルコに返還
された地域
アラブ人国家(地域)
イタリア領
紅海
アラビア半島
アラビア海
0
1000km

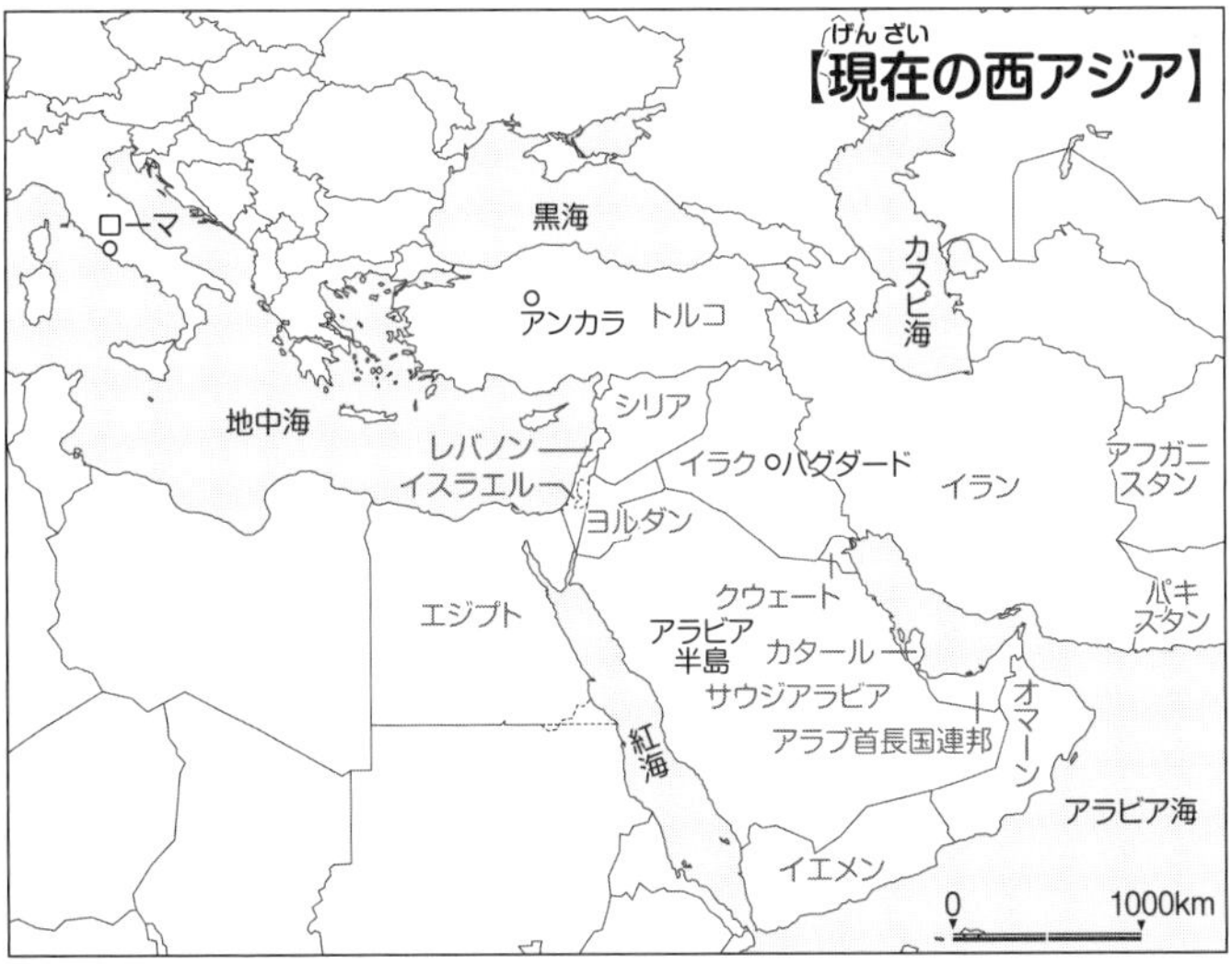
【現在《げんざい》の西アジア】
ローマ
黒海
カスピ海
アンカラ
トルコ
地中海
シリア
レバノン
イスラエル
イラク
バグダード
イラン
アフガニスタン
ヨルダン
クウェート
パキスタン
エジプト
アラビア半島
カタール
サウジアラビア
オマーン
アラブ首長国連邦
紅海
アラビア海
イエメン
0
1000km

にオスマン帝国《ていこく》の軍人だったケマル・アタチュルクが就任《しゅうにん》しました。このトルコ共和国は、「トルコ人という民族だけによって構成《こうせい》され、クルド人は存在《そんざい》しない」という考えに基《もと》づいて建国されました。クルド語の使用を禁《きん》じ、クルド人だけの学校を廃止《はいし》し、クルド人を指して「山岳《さんがく》トルコ人《じん》」と呼《よ》ぶようにしました。

じつは第一次世界大戦後の一九二〇年、セーヴル条約《じょうやく》によってクルド人のための国をつくることが約束されているのですが、イギリスはトルコを、ソ連の共産主義《きょうさんしゅぎ》に対抗《たいこう》する軍事的同盟国《どうめいこく》として考えており、トルコの要望に応《こた》えてクルド人国家創《そう》設《せつ》の約束をキャンセルし、クルド人の住んでいる地域《ちいき》をトルコに与《あた》える約束をしました。これが一九二三年のローザンヌ条約です。

クルド人たちは、イギリスの勝手な思惑《おもわく》で自らの国を持てないことになり、イギリスに対する恨《うら》みを募《つの》らせることになります。

さらにイギリスは、オスマン帝国に対する反乱《はんらん》を指導《しどう》したファイサルという人を初代のイラク国王に据《す》えます。この人はイラクから地理的にも遠いメッカの生まれで、イラクとは何の関係もないうえ、イラクのイスラム教徒のなかでは数が少ないスンニ派《は》に属《ぞく》する人物でした。イギリスは、このファイサルを利用して、シーア派が多数を占《し》めるイラクを統治《とうち》しようとしたのです。その後、イラクでは二〇〇三年にサダム・フセインの政権《せいけん》が倒《たお》れるまで、スンニ派の支配《しはい》が続きます。

イラクではスンニ派による王政や独裁体制《どくさいたいせい》が続いたために、ここでもクルド人たちは抑圧《よくあつ》され、ずっと独立に向けて武装闘争《ぶそうとうそう》を続けることになります。一九八八年三月にはフセイン政権の化学兵器の攻撃《こうげき》を受けて五千〜六千人といわれるクルド人市民が犠牲《ぎせい》になりました。クルド人が自治を獲得《かくとく》するようになるのは、一九九一年の湾岸戦争《わんがんせんそう》後、欧米諸国《おうべいしょこく》がクルド人が多く住むイラク北部に、イラク軍の戦闘機《せんとうき》が上空を飛ぶことができない「飛行禁止空域《ひこうきんしくういき》」を設《もう》けてからです。しかし、いまだにクルド人たちは、一つの国家を持たない「世界最大の民族集団《しゅうだん》」として、各国に分散したままの状態《じょうたい》です。

世代ごとに変わるムスリムの心情《しんじょう》

フランスが委任統治《いにんとうち》をするようになったシリアでも、同様のことが起きていました。歴史的に見ますと、シリアとは、現在《げんざい》のシリア、レバノン、イラク、ヨルダン、イスラエル・パレスチナという国や地域《ちいき》をふくむ範囲《はんい》を指します（これを「大シリア」、「歴史的シリア」ともいいます）。しかしフランスは、委任統治をする際《さい》に、キリスト教徒が多いレバノンを統治しやすいように、シリアから切《き》り離《はな》し、サイクス・ピコ協定よりも細分化された国境《こっきょう》をつくってしまいました。

フランスによるレバノン国内のキリスト教徒優遇政策《ゆうぐうせいさく》は、宗教対立《しゅうきょう》をあおることになります。レバノンでの宗派《しゅうは》の対立は一九七五年から一九九〇年の十五年も続き、十二万人あまりが犠牲《ぎせい》となった泥沼《どろぬま》の内戦となりました。

フランスが勝手に行った政策は、国境の線引きだけではありません。一八三〇年からフランスは、アフリカのアルジェリアを侵略《しんりゃく》し、国土の一部としました。フランスの宣教師《せんきょうし》たちは、「キリスト教はイスラムよりも優《すぐ》れている」と考え、アルジェリアからサハラ砂《さ》漠《ばく》を通り、さらにアフリカ南部にまでキリスト教の教えを広めようとしました。第二次世界大戦の後、アルジェリアでは激《はげ》しい独立運動《どくりつうんどう》が繰《く》り広《ひろ》げられるのですが、フランスはこれを警察力《けいさつりょく》、軍事力で封《ふう》じようとします。この独立運動で犠《ぎ》牲《せい》になったアルジェリア人は、百万人とも見積もられます。

結局、アルジェリアは一九六二年に独立を達成します。一九七〇年代、アルジェリアなど北アフリカからフランスに向けて、たくさんの人たちが労働者として出稼《でかせ》ぎに行きました。しかし、一九八〇年代からヨーロッパの経済《けいざい》が不調になると、フランス人にとって、北アフリカから来たイスラム教徒の労働者たちは、やっかいな「お荷物」としてあつかわれるようになり、ムスリム移民《いみん》を排除《はいじょ》しようとする傾向《けいこう》が一部で強まります。こうした人たちは、「ムスリムはキリスト教を中心とする価《か》値観《ちかん》とは異《こと》なる、ヨーロッパに同化しない人たちだ」と主張《しゅちょう》します。そして、「だから、追い出してもかまわない」という論理《ろんり》を展開《てんかい》します。

ヨーロッパに移住《いじゅう》していったムスリムの第一世代は、「よその国から来たのだから、もともとヨーロッパで暮《く》らす人たちから差別を受けても、ある程度《ていど》やむをえない」という思いを持っているかもしれません。しかし、その移民の子どもたち、孫たちは、ヨーロッパ諸国《しょこく》で生まれ育ち、その場所こそが自らの母国だと考えています。ですので、「なぜ、同じ国の人間なのに、キリスト教徒の白人たちから差別されなければならないのか」という寂《さび》しさや不満を抱《いだ》くようになります。

就職面《しゅうしょくめん》でもムスリムたちには差別や困難《こんなん》があり、貧《まず》しい生活を送る人の数はヨーロッパにもともと住む人たちよりも多いです。そのことも、彼《かれ》らが政治《せいじ》や社会に対して反発心を抱く原因《げんいん》となっています。まさに、ヨーロッパで恵《めぐ》まれない生活を送るムスリムたちの一部が、二〇一五年に二回パリで起きたテロ事件《じけん》の容疑者《ようぎしゃ》になりました。ヨーロッパ諸国でのテロを防《ふせ》ぐには、そこで暮らすイスラム教徒たちを、いかに社会に溶《と》け込《こ》ませ、その生活状態《じょうたい》を改善《かいぜん》していくかにかかっています。

第三章 暴力《ぼうりょく》に屈《くっ》しないマララさんの活動

マララさんがねらわれた理由

二〇一二年十月九日、十五歳《さい》だったマララ・ユースフザイさんは、スクールバスに乗って、学校から帰る途中《とちゅう》でした。

「マララは、どいつだ！」

突然《とつぜん》バスの前に武装集団《ぶそうしゅうだん》が立ちはだかり、乗《の》り込《こ》んできた男がどなり声を上げます。ほかの生徒の目線が集まった先を目がけ、男は銃《じゅう》を撃《う》ちました。まさに一瞬《いっしゅん》の出来事でした。銃弾《じゅうだん》はマララさんの頭と肩《かた》に当たり、ほかの二人の女子生徒もけがをしたのです。

マララさんたちを撃《う》ったグループは、「パキスタン・タリバン運動（TTP）」でした。彼《かれ》らは自ら犯行《はんこう》について声明を出し、マララさんを銃撃《じゅうげき》した理由について、「教育の権利《けんり》を求めるなど、反道徳的《はんどうとくてき》な活動をしたから」と主張《しゅちょう》したのです。

ちなみにマララさんもナビラさんも、民族的にはパシュトゥン人です。マララさんも部族地域《ちいき》の出身で、スワートというところが故郷《こきょう》です。彼女《かのじょ》が銃撃されたスワート渓谷《けいこく》は、多くの観光客が訪《おとず》れる緑豊《ゆた》かな景勝地でした。

銃撃されたマララさんはパキスタンで治療《ちりょう》を受け、さらにイギリスの病院に搬送《はんそう》されました。その後、命は助かり、体が回復《かいふく》していくことになるのですが、その様子はニュースとなって世界中を駆《か》けめぐりました。とくにイギリスなど人権意識《じんけんいしき》の高い国では、強い関心を生むことになりました。マララさんはバーミンガムの「エリザベス女王病院」に運ばれました。銃弾《じゅうだん》は頭部から入って、あごと首の間あたりで止まり、銃弾を摘出《てきしゅつ》するだけではなく、イギリスで感染症《かんせんしょう》の治療と顔の神経《しんけい》をつなく外科手術《げかしゅじゅつ》が必要になったのです。

ＢＢＣ（英国放送協会）が運営《うんえい》するウルドゥー語のブログに、タリバンが女性《じょせい》の人権《じんけん》を抑圧《よくあつ》していることをマララさんがつづった「パキスタン女子学生の日記」を投稿《とうこう》したのは、二〇〇九年、彼女《かのじょ》が十一歳《さい》のときでした。ナビラさんが日本に来たときと同じ年齢《ねんれい》です。マララさんは身元を隠《かく》すために「グル・マカイ」という名前を使って投稿しましたが、この名前は、パシュトゥンの民話に登場するヒロインの名前でした。

マララさんの日記の内容《ないよう》を一部紹介《しょうかい》しますと、たとえば二〇〇九年一月、学校が冬休みになったときにマララさんはこんなことを書いています。

「女子生徒たちは冬休みを、それほど心待ちにしていません。なぜなら、タリバンが教育を禁止《きんし》すれば、女子生徒たちは学校に通うことができなくなってしまうからです。冬休みになって学校を離《はな》れ、遠くから校舎《こうしゃ》を見たとき、二度と学校に来られなくなってしまうような気持ちになりました」

マララさんも、彼女《かのじょ》の同級生たちも、タリバンの暴力《ぼうりょく》によって勉強ができなくなることを恐《おそ》れ、制服《せいふく》を着て学校に通わなくなりました。制服を着ていると、タリバンに学生であることがばれて、女の子が教育を受けていることを責《せ》められてしまうからです。

マララさんに日記を書くようすすめたのは、お父さんのズィアウッディン・ユースフザイさんでした。彼女の経歴《けいれき》や主張《しゅちょう》はアメリカの雑誌《ざっし》『ヴァニティ・フェア』で紹介《しょうかい》され、マララさんが「イスラムの女性《じょせい》に教育を」と訴《うった》えれば訴えるほど、注目を集めるようになりました。二〇〇九年には彼女の生き方を記録したドキュメンタリー映画《えいが》がつくられましたし、二〇一一年にはパキスタン政府《せいふ》から「国民平和賞」を与《あた》えられ、賞の名前が「国民マララ平和賞」に変更《へんこう》されたほど、パキスタン国内においてもマララさんは有名な少女になりました。また、二〇一三年にはオランダの児童権利擁護団体《じどうけんりようごだんたい》「キッズライツ財団《ざいだん》（KidsRights Foundation）」から「国際《こくさい》子ども平和賞（International Children's Peace Prize）」を受賞しました。

しかし、そうした活動こそが、ＴＴＰにとっては気に入らないことでした。

マララさんは、アメリカ政府《せいふ》のアフガニスタン・パキスタン問題担当特使《もんだいたんとうとくし》であるリチャード・ホルブルック氏に、女子教育のために貢献《こうけん》してほしいと求めました。

海外にまで意見を発信できるようになったマララさんと家族は、二〇一二年にスワートの治安状態《じょうたい》が改善《かいぜん》されたことを受けて故郷《こきょう》に戻《もど》り、マララさんはふたたび学校に通うことになりました。彼女《かのじょ》が銃弾《じゅうだん》を浴びたのは、まさにマララさんの活動が軌道《きどう》に乗り始めたタイミングだったのです。

女子教育をさまたげているもの

生きるか死ぬかの大きな傷《きず》を負ったマララさんは、

「私《わたし》が快方《かいほう》に向かっているのは、みなさまのお祈《いの》りのおかげです」

と、イギリスなどで医療《いりょう》を受けられたことに対して感謝《かんしゃ》の気持ちを述《の》べました。

そして体が回復《かいふく》すると、イギリスのバーミンガムにあるエッジバストン高校に通うようになりました。お父さんのズィアウッディンさんも、同じバーミンガムにあるパキスタン領事館《りょうじかん》で働き始めます。

マララさんの強さは、銃弾《じゅうだん》を浴びて生死の境《さかい》をさまよった後、イギリスの高校に通うようになってからも、暴力《ぼうりょく》に屈《くっ》することなく自らの信じることを主張《しゅちょう》し続けているところにあります。退院《たいいん》したマララさんは、イスラム世界で女子教育を普及《ふきゅう》する財団《ざいだん》を設立《せつりつ》すると明らかにしたのです。

ところで、「女子も教育を受けるべきだ」というナビラさんやマララさんの主張は、日本で暮《く》らす私《わたし》たちの耳には、当たり前のことに聞こえませんか？

この本で、何度か繰《く》り返《かえ》してお話ししますが、女子の教育を否定《ひてい》するTTPの考えや行為《こうい》は、イスラムという宗教《しゅうきょう》の考え方と照らし合わせて、とても正しいとはいえません。イスラムは教育を否定していませんし、何より神の創造物《そうぞうぶつ》である人間を殺すことを厳《きび》しく戒《いまし》めています。

二〇〇九年七月、パキスタンの軍隊はスワートからTTPを一掃《いっそう》し、そこに駐留《ちゅうりゅう》するようになりました。その背景《はいけい》には、アメリカのオバマ政権《せいけん》（当時）から、タリバンの勢力《せいりょく》を攻撃《こうげき》せよという圧力《あつりょく》があります。軍隊が駐留《ちゅうりゅう》することによって平和になったかといえば、まるで逆《ぎゃく》です。スワートにはＴＴＰの考えに共鳴する若者《わかもの》たちが残りました。ＴＴＰのメンバーや彼《かれ》らに共感する人たちはみなひどく貧《まず》しく、その多くは農地を大地主に奪《うば》われた農民たちです。彼らは、イスラム世界がヒンドゥー教や、欧米諸国《おうべいしょこく》の影響《えいきょう》を受けることを、ひどく嫌《きら》います。

では、現在《げんざい》のイスラム諸国において、彼らのように女子への教育を否定《ひてい》する人たちの意見が主流なのでしょうか。つまり、女性《じょせい》に対する教育が、まったく進んでいないのでしょうか。じつは、そうではありません。

クウェート、バーレーン、ヨルダンでは女子教育の普及率《ふきゅうりつ》が上がっています。モロッコやエジプトなど経済的《けいざいてき》に貧しい国では、女子教育の整備《せいび》は遅《おく》れているものの、エジプトを見ますと、高等教育を受けている女子は全体の八〇％を超《こ》えています。また、イランでは、大学の学部生（大学院生以外の大学生）の数で、女子が男子を上回っています。

ひるがえってパキスタンを見てみますと、エジプトやモロッコよりも経済的《けいざいてき》に貧《まず》しく、インドやバングラデシュと比《くら》べても識字率《しきじりつ》（日常生活《にちじょう》を送れる程度《ていど》の読み書きができる人の割合《わりあい》）は低いです。四〇％が非識字、つまり読み書きができません。女子の識字率は三六％で、インドの四八％に比べても低いのです。ちなみに、クウェート、バーレーン、ヨルダンなどでは女子の識字率は高く、教育の整備《せいび》が遅《おく》れているエジプトでも女子の高校入学率は八〇％を超《こ》えています。

パキスタンでは貧しい農家の子どもたちが学校に行けていない現状《げんじょう》があります。およそ四〇％の子どもたちが通学していません。地方を見ると、前に説明したとおり、女性《じょせい》は家庭にいるものとする傾向《けいこう》が強く見られます。パキスタンを支配《しはい》したイギリスが教育に力を入れなかったことも、識字率が低い原因《げんいん》の一つです。

タリバンの暴力《ぼうりょく》が、女性から教育を受けるチャンスを奪《うば》っているのは事実です。しかし、原因はそれだけではありません。パキスタンの指導者層《しどうしゃそう》も、女性に教育を受けさせるための社会整備《せいび》に、目を向けていないのです。

マララさんが銃撃《じゅうげき》された当時、パキスタン政府《せいふ》は、教育にかける予算の七倍ものお金を、軍事費に使っていたとされます。パキスタンには、就学《しゅうがく》すべき年齢《ねんれい》に達していても学校教育を受けられない子どもたちが五百六十万人いるとみられますが、これは世界で三番目に多い数です。そして学校に行けない子どものじつに三分の二近くが女の子です。しかも、一部ではありますが、「なまじ教育を受けていると、結婚《けっこん》できなくなってしまう」と心配している女の子もいるというのです。

アメリカの無人機攻撃《こうげき》を批判《ひはん》

アフリカのナイジェリアでは二〇一四年四月、「ボコ・ハラム」というイスラム系《けい》の武装集団《ぶそうしゅうだん》が約二百五十人の女子生徒たちを誘拐《ゆうかい》する事件《じけん》を起こしました。彼《かれ》らもまた、女性《じょせい》が教育を受けることを非難《ひなん》しており、学生寮《がくせいりょう》にいた女性たちを誘拐したのです。マララさんはナイジェリアのグッドラック・ジョナサン大統領《だいとうりょう》（当時）

ノーベル平和賞を受賞したマララ・ユースフザイさん（2014年、ノルウェー）
EPA＝時事

と面会し、少女たちの解放《かいほう》に力を尽《つ》くすようにお願いをしました。

先に書きましたとおり、マララさんは二〇一四年十二月、十七歳《さい》でノーベル平和賞を受賞しました。歴史上、最年少の受賞です。マララさんは、受賞スピーチで次のようなことを話しました。

「私《わたし》は、学校に行けない六千六百万人の女の子なのです。今日、私は自分の声を上げているわけではなく、六千六百万人の女の子の声を代弁《だいべん》しているのです。

なぜ女子が学校に行くのか、なぜ教育はとくに女子にとってたいせつなのかを、人々が聞いてきます。しかし私《わたし》は、なぜ（教育を受けるのが）彼女《かのじょ》たちではだめだとされるのか、という質問《しつもん》のほうが、より重要だと思います。

なぜ彼女たちが学校に行ってはいけないのでしょうか」

平和賞を誰《だれ》に与《あた》えるかを選んでいるのは、ノルウェー・ノーベル委員会です。彼《かれ》らがマララさんに賞をあげた意味を考えてみますと、女子教育を否定《ひてい》するＴＴＰやイスラム教の極端《きょくたん》な解釈《かいしゃく》によって暴力《ぼうりょく》を繰《く》り返《かえ》す「イスラム国（ＩＳ）」などの武《ぶ》装勢力《そうせいりょく》に対して、否定的なメッセージを込《こ》めている、とも受け取れます。

暴力に屈《くっ》せず、教育の重要性《じゅうようせい》を訴《うった》えたマララさんは、二〇一三年一月、女性の権《けん》利《り》を向上するために貢献《こうけん》した人物に贈《おく》られる「シモーヌ・ド・ボーヴォワール賞」を受賞し、同じ年の七月にニューヨークの国際連合《こくさいれんごう》本部で演説《えんぜつ》しました。同年十月には、思想の自由や人権を守るための献身的《けんしんてき》な活動を讃《たた》える「サハロフ賞」を受賞しました。もはやマララさんの訴えは、世界に届《とど》く影響力《えいきょうりょく》を持つものとなりました。だからこそ、アメリカのオバマ大統領《だいとうりょう》も、二〇一三年十月十一日にホワイトハウスに招《まね》いて話す機会をつくったのだと思います。その席でマララさんは、アメリカの大統領《だいとうりょう》に対して、堂々とドローンによるミサイル攻撃《こうげき》を批判《ひはん》したのです。

マララさんは、アメリカによる無人機攻撃は一般《いっぱん》の市民の犠牲《ぎせい》を伴《ともな》うもので、多くのパキスタン国民は怒《おこ》っていると訴《うった》えました。そして、武力《ぶりょく》にお金を投じてパキスタンの混乱《こんらん》を収《おさ》めるのではなく、教育に支援《しえん》するべきだとも訴えたのです。まさに、ナビラさんの強い願いと同じです。

アメリカなどが行っている無人機攻撃を調査《ちょうさ》している国連のベン・エマーソン氏が二〇一三年に提出《ていしゅつ》した報告書《ほうこくしょ》によりますと、パキスタンで無人機攻撃によって殺害された市民は、少なくとも四百人にのぼるということです。パキスタン政府《せいふ》もこの四百人という犠牲者の数を確認《かくにん》しています。エマーソン氏は、自分の国の紛争地《ふんそうち》域《いき》以外でドローン攻撃をすることが、国際法《こくさいほう》と照らし合わせて許《ゆる》される行為《こうい》なのかという問題提起《ていき》も行いました。

ちなみに無人機の価格《かかく》は一機あたり数億円します。もしも、アメリカが無人機を一機導入《どうにゅう》するのをやめ、そのお金をパキスタンやアフガニスタンの学校づくりに寄付《きふ》したら、十校以上の校舎《こうしゃ》が簡単《かんたん》に建てられます。

マララさんがオバマ大統領《だいとうりょう》の前で主張《しゅちょう》したとおり、武力《ぶりょく》によってアフガニスタンやパキスタンの安定を図《はか》るというアメリカやNATO（北大西洋条約機構《きたたいせいようじょうやくきこう》）の方針《ほうしん》は多くの欠陥《けっかん》を持っています。アフガニスタンのハーミド・カルザイ大統領（当時）は、在任《ざいにん》時代に、「アメリカもNATOも、アフガニスタンの主権《しゅけん》を尊重《そんちょう》していない」と、ドローン攻撃《こうげき》によって罪《つみ》なき一般《いっぱん》の人々にまで被害《ひがい》が出ていることに対して明確《めいかく》に批判《ひはん》の声を上げました。

アフガニスタンにはアメリカ軍が二〇〇一年から駐留《ちゅうりゅう》していますが、第二次世界大戦後、アメリカ軍が外国で活動したなかで、もっとも長い期間となっています。一般市民にまで被害を出し、国内を混乱《こんらん》におとしいれたまま、アメリカをはじめとした外国の軍隊はアフガニスタンからの撤退《てったい》を考えています。アフガニスタンが「忘《わす》れられた国」となってしまえば、現在《げんざい》のイラクのように各地で内戦の絶《た》えない、暴力《ぼうりょく》が支配《しはい》する国になってしまうことが心配されます。

加害者は忘《わす》れてしまう

もちろん、世界で起きているテロ行為《こうい》は許《ゆる》されるものではありません。しかし、これまで見てきたとおり、イスラム世界がアメリカ、ヨーロッパ諸国《しょこく》という強国によって踏《ふ》みにじられてきた歴史を持っていることも事実です。そして、ある物事に加害者と被害者《ひがいしゃ》がいるとき、加害者のほうが自分のしでかしたことを忘れてしまうという悲しい現実《げんじつ》もあります。

二〇一六年五月、伊勢志摩《いせしま》サミットで日本を訪《おとず》れたオバマ大統領《だいとうりょう》は、原爆《げんばく》が投下された広島《ひろしま》を訪問《ほうもん》しました。日本国内では、「オバマ大統領は、広島に原爆を落としたことを謝罪《しゃざい》するのではないか」という議論《ぎろん》が持ち上がりました。結果的には、原爆投下については謝罪をせず、核兵器廃絶《かくへいきはいぜつ》のメッセージを出しただけでした。

十年前の話ですが、戦後六十年を迎《むか》えた二〇〇五年、太平洋戦争について特集す

アメリカの大統領《だいとうりょう》として初めて広島《ひろしま》を訪《おとず》れたオバマ大統領。だが、謝罪《しゃざい》の言葉はなかった　時事

るニュース番組があり、原爆《げんばく》を投下した「エノラ・ゲイ」という機名のB－29の搭《とう》乗員《じょういん》と原爆の放射線《ほうしゃせん》を浴びた被害者《ひがいしゃ》が直接《ちょくせつ》会って話をする様子を放送しました。被爆者が「謝罪《しゃざい》する気はありませんか?」と尋《たず》ねると、元搭乗員は、こう答えました。

「謝罪する気はありません。アメリカには『真珠湾《しんじゅわん》を忘《わす》れるな!』という言葉があります」

先にハワイの真珠湾を攻撃《こうげき》したのは日本なのだから、アメリカが原爆を投下したことは正当な行為《こうい》である――。これは、多くのアメリカ人に共有される感情《かんじょう》かもしれません。真珠湾攻撃によるアメリカの軍人を除《のぞ》いた民間人の死者は五十人を超《こ》えるくらい。原爆投下による死者数は、被曝《ひばく》によって戦後に亡《な》くなった方もあわせれば四十七万人を超えます。しかし、どれだけ数字の差があったとしても、互《たが》いに「被害者」であることは事実です。そして、自分たちの行為は正当だったと相手に責任《せきにん》を押《お》しつけ続けても、永遠《えいえん》に歩《あゆ》み寄《よ》ることはできないでしょう。

イスラム世界の人々のアメリカに対する怒《いか》りが冷めないのは、空爆《くうばく》で犠牲《ぎせい》になった家族や親族にいっさいの謝罪《しゃざい》をしないからです。それがアメリカをはじめとした加害国に対するテロ行為《こうい》の引き金にもなっています。

先ほど国連のエマーソン氏が、ドローン攻撃《こうげき》が国際法《こくさいほう》と照らし合わせて許《ゆる》されるのか問題提起《ていき》をしたとお話ししましたが、そもそも戦闘員《せんとういん》か非戦闘員《ひせんとういん》かを区別することなく爆弾《ばくだん》を空から落とし、大きな犠牲をもたらす空爆は、人道に反した、許されない行為だと考えます。イラク戦争では、多国籍軍《たこくせきぐん》の空爆による犠牲者の三九％が子どもたち、四六％が女性《じょせい》でした（Iraq Body Count の調査《ちょうさ》結果）。

戦争になると、人間は変わります。どれだけ残酷《ざんこく》な行為であっても、ためらわずに実行できてしまったりするのです。一九四五年三月十日、三百二十五機ものB－29が東京の空を覆《おお》い、上空からの爆撃によって約十万人もの犠牲者を出しました。東京大空襲《とうきょうだいくうしゅう》です。この執拗《しつよう》な絨毯《じゅうたん》爆撃を立案したのはカーティス・ルメイ少将《しょうしょう》でしたが、この人はその後、ベトナム戦争の際《さい》にも空軍参謀長《さんぼうちょう》として戦争に参加しており、「北ベトナムを石器時代に戻《もど》す」と語って、空爆《くうばく》を進めました。

先ほど真珠湾攻撃《こうげき》と原爆投下のお話をしましたが、私《わたし》は、日本人が戦争の犠牲者《ぎせいしゃ》であると同時に、戦争の加害者でもあるという事実を忘《わす》れてはならないと思います。しかし、加害者としての歴史について、私たち日本人はどれだけ意識《いしき》して暮《く》らしているでしょうか。

たとえば八月十五日は太平洋戦争が終わった終戦記念日として式典が行われます。しかし、日本軍が真珠湾に奇襲《きしゅう》を掛《か》けた太平洋戦争開戦の日（十二月八日）は、さほどニュースになりません。もちろん、特別な式典も行われません。

日本は中国から、しばしば、「南京大虐殺《ナンキンだいぎゃくさつ》について、日本としてどう考えているのか」を問いただされます。日中戦争の最中《さなか》の一九三七年、日本軍が南京で中国軍の捕虜《ほりょ》や市民など三十万人もの人々を殺したとされる出来事です。この被害者《ひがいしゃ》の数については、さまざまな意見が出され、実際《じっさい》にはどれくらいの規模《きぼ》の被害だったのか特定するのが難《むずか》しい状況《じょうきょう》です。しかし、「虐殺」があったことは事実でしょう。

戦争は狂気《きょうき》の世界です。中国軍の兵士たちが民間人の服を着て街に紛《まぎ》れ込《こ》んだため、南京に入った日本軍が、兵士と民間人の区別をつけることができずに中国人を殺した――その事実は変わらないのです。

さらにいえば、日本の中国に対する空爆《くうばく》は、一九三八年二月十八日～一九四三年八月二十三日、約五年半にわたって二百十八回も繰《く》り返《かえ》され、死傷者《ししょうしゃ》は約二万六千人と推定《すいてい》されています。この空爆は真珠湾攻撃《こうげき》とは違《ちが》い、無差別に行われましたから、多くの市民が犠牲《ぎせい》になりました。

また一九四二年には、日本軍が占領《せんりょう》していたシンガポールで中国系《けい》の人々、およそ一万人近くを虐殺《ぎゃくさつ》しています。しかし、日本国内で、これら中国の人たちに対する殺戮行為《さつりくこうい》について語られることは、ほとんどありません。中学校の歴史の授業《じゅぎょう》でも、くわしく勉強することはないと言っていいでしょう。

戦争という過《あやま》ちを繰り返さないためには、自分たちが被害者《ひがいしゃ》だけでなく、加害者にもなりうるということを知り、それを認《みと》めることが必要です。

原子爆弾《げんしばくだん》を落とされた唯一《ゆいいつ》の被爆国という経験《けいけん》を持つ日本は、その反省から「戦争をしない」という道をたどりました。そして、奇跡的《きせきてき》な復興《ふっこう》を果たしたからこそ、いまのみなさんは信じられないくらい豊かで便利な暮《く》らしを送れています。

「過去《かこ》は未来への灯《ひ》である」というイランの言葉があります。

アメリカは、イスラムの国々に対して行った行為《こうい》を自ら振《ふ》り返《かえ》ることができるでしょうか。そして、ナビラさんのおばあさんのような、戦闘《せんとう》とは無関係の市民を殺したことを認《みと》めることができるのでしょうか。

第四章　ナビラさんが暮《く》らす「部族地域《ちいき》」

パキスタンと日本のつながり～被災地《ひさいち》への支援《しえん》

ところでみなさん、ナビラさん、マララさんが暮らすパキスタンという国がどこにあって、どんな成り立ちの国か知っていますか？

パキスタンは一九四八年に生まれた、比較的《ひかくてき》新しい国です。そして、とても日本とつながりの深い国です。こんなエピソードがあります。二〇一一年三月十一日、東日本大震災《ひがしにほんだいしんさい》が発生しますと、パキスタンの首都・イスラマバードでは、被災者を支援するためのバザーが行われ、岩手《いわて》、宮城《みやぎ》、福島《ふくしま》など東北の被災地に日本とパキスタンのロゴが入ったサッカーボールが寄付《きふ》されました。被災地《ひさいち》に贈《おく》られたサッカーボールは、被災者たちを励《はげ》ますパキスタンの人々の心情《しんじょう》を表し、被災した多くの人の心に、「世界が心配し、支《ささ》えている」というメッセージを伝えました。

じつは、サッカーボールはパキスタン製《せい》が多く、手縫《てぬ》いのサッカーボール生産では世界第一位なのです。イギリス植民地時代、サッカーやラグビー、クリケットなどのボール製造技術《せいぞうぎじゅつ》の指導《しどう》を受けたこと、そして、パキスタンはボールの外側の材料となる牛の革《かわ》を使ううえで宗教的《しゅうきょうてき》に支障《ししょう》がなかったことが、世界一になった背景《はいけい》にあります。インドの人々が信仰《しんこう》するヒンドゥー教では、牛を「神聖《しんせい》な動物」と考えるので、牛の革を材料として使うことをタブー（禁忌《きんき》）とするのですが、イスラムを信仰するパキスタンでは宗教上の問題が起きないのです。

また、二〇一六年一月には、地震《じしん》や洪水《こうずい》の多いパキスタン北西部のカイバル・パクトゥンクワ州のお医者さんたちがＪＩＣＡ（国際協力機構《こくさいきょうりょくきこう》）の研修《けんしゅう》の一環《いっかん》として岩手県大船渡市《おおふなとし》を訪《たず》ねました。大船渡市で東日本大震災《ひがしにほんだいしんさい》の直後に役立った、電子母子健康手帳のシステムや保健所《ほけんじょ》の活動について研修《けんしゅう》を受けたり、調査《ちょうさ》したりしたのです。パキスタンでは、子どもが五歳《さい》までに亡《な》くなる幼児死亡率《ようじしぼうりつ》が日本の三十倍にも達します。大船渡を訪問《ほうもん》した一行のうち、医師《いし》のテルムシャー氏らは、「岩手で学んだ『自助、共助、公助』の心を活《い》かしたい」と話したそうです。

「自助、共助、公助」は、じつはイスラム世界でも本来そなわっている価値観《かちかん》です。まず、「自助」とは、自分で自分を助ける努力です。イスラム世界に関するニュースでは、「ジハード」という言葉をよく耳にします。日本では、過激《かげき》な武装《ぶそう》集団《しゅうだん》が自分たちの信仰《しんこう》を貫《つらぬ》くために欧米諸国《おうべいしょこく》と戦う行為《こうい》をジハード、つまり「聖戦《せいせん》」だと理解《りかい》している人が多いようですが、間違《まちが》った解釈《かいしゃく》です。ジハードとは本来、「信仰の道において、よいことをするための努力」を意味します。アラビアの単語、「ジャハダ」から生まれた言葉です。

道徳的《どうとくてき》に高潔《こうけつ》な人となるための内面での努力であり、日本語の「克己《こっき》」、つまり、自分に勝つという言葉と通じるものがあるでしょう。

「共助」は互《たが》いに助け合う精神《せいしん》を表していますが、イスラム教徒には、貧《まず》しい人に与《あた》える「喜捨《きしゃ》（ザカート）」という義務《ぎむ》があります。また、「公助」はその国の政府《せいふ》が国民を助けるという概念《がいねん》ですが、イスラム世界では、アッラー（神）の代理である政治家たちが、国民が幸福になるように努力する責任《せきにん》を負っています。

まさに、東日本大震災《ひがしにほんだいしんさい》の被災地《ひさいち》が発信している「自助、共助、公助」の精神が、パキスタンでも息づいていることが、おわかりいただけたかと思います。

二〇一六年四月に、私《わたし》はナビラさんと会うためにパキスタンに行ったのですが、その際《さい》、イスラマバードのファイサルモスクに隣接《りんせつ》する「国際《こくさい》イスラム大学《だいがく》(International Islamic University, Islamabad)」のイスラム研究所を訪《たず》ねました。研究者たちに、東日本大震災の際、日本にいるパキスタン人たちがカレーライスの炊《た》き出《だ》しをしてくれたエピソードを紹介《しょうかい》すると、彼《かれ》らは、「それが本当のイスラムなんです」と話し、本来は平和や慈愛《じあい》を尊《たっと》ぶ宗教《しゅうきょう》だということを強調していました。何かと物騒《ぶっそう》な話題が多いイスラム世界ですが、実際に触《ふ》れ合《あ》ってみると、ムスリム（イスラム教徒）には親切な人が多いです。それは、宗教《しゅうきょう》の教えに基《もと》づいていると考えられます。

パキスタンと日本のつながり～仏教《ぶっきょう》と経済《けいざい》

お話ししているとおり、現在《げんざい》のパキスタンはイスラムを信仰《しんこう》する国です。しかし、かつては、日本人の多くが信仰している仏教が盛《さか》んな地域《ちいき》でした。一九七〇年代の後半、ゴダイゴというバンドの『ガンダーラ』という曲がヒットしたことがありますが、曲名となったガンダーラは、パキスタンの北西部に位置していた古代の王国の名前で、東と西のものや文明が交わるところでした。

パキスタン北西部の中心的都市がペシャワールです。そこに行くと、ギリシア風の顔をした仏像《ぶつぞう》を多く見かけます。ガンダーラで興亡《こうぼう》したマウリヤ朝やクシャーナ朝は、仏教的精神《せいしん》で善政《ぜんせい》を布《し》いたことで日本でも知られています。日本の多くの僧《そう》侶《りょ》をはじめ、熱心な仏教徒たちにとって、ガンダーラは仏教の理想が現実に行われているところとして、生涯《しょうがい》に一度は目指すべき理想郷《りそうきょう》でもありました。

パキスタンの政情《せいじょう》が不安定になる前は、日本からも多くの観光客たちがガンダーラの遺跡《いせき》を見学に来て、日本の仏教信仰《ぶっきょうしんこう》の起源《きげん》を訪《たず》ねたものでした。タキシラなどのガンダーラ遺跡に行くと、トイレなどの案内が日本語で書かれていることに驚《おどろ》かされます。パキスタンの女子生徒たちが、研修《けんしゅう》でタキシラに見学に来ているところを見たことがあります。熱心にノートを取る姿《すがた》を見て、パキスタンの歴史の授業《じゅぎょう》でも、ガンダーラの仏教文化は重要な意味を持っているのだろうと感じました。

パキスタンの街中を歩くと、日本の車がたくさん走っていることに気づきます。パキスタンは日本と同じく、世界でも数少ない、車が左側通行の国です。これは、パキスタンを支配《しはい》していたイギリスの影響《えいきょう》を受けたものと思われます。ですので、右ハンドルの日本の自動車が使いやすいのです。中古車はメーカー名などの日本語が書かれたまま走っています。日本の自動車メーカーのスズキは、一九七五年にパキスタンに最初の自動車工場をつくりました。さらにずっと以前の一九五八年に、スズキは二輪車の輸出《ゆしゅつ》を始めています。

パキスタンというと、イスラム世界のイメージが真っ先に浮《う》かぶかもしれませんが、じつは仏教《ぶっきょう》や工業製品《こうぎょうせいひん》を通じて日本と深いかかわりのある国なのです。実際《じっさい》、パキスタンの人々は、日本と日本人に対して、とても親近感を持っています。

パキスタンは、第二次世界大戦の後、一九四八年につくられました。

インド亜大陸《あたいりく》（南アジアにあるインド、バングラデシュ、パキスタン、ブータンなどの国々をふくむ半島・大陸）にイスラムの国をつくるという考えは、一九三〇年代に詩人、哲学者《てつがくしゃ》であったムハンマド・イクバール（一八七七〜一九三八年）という人によって提唱《ていしょう》されました。彼《かれ》は、当時はイギリス領《りょう》だったインド帝国《ていこく》の北部四州（シンド、バローチスタン、パンジャブ、北西辺境州《へんきょうしゅう》＝現在《げんざい》のカイバル・パクトゥンクワ州）を、一つのムスリムの国家として独立させることを構想《こうそう》しました。

イクバールは、パキスタンでは誰《だれ》からも愛されている詩人です。彼はイギリスをはじめ、イスラム世界に進出したヨーロッパ諸国《しょこく》に対抗《たいこう》するために、イスラム世界の団結《だんけつ》を強く訴《うった》えたのです。

イギリス領《りょう》インド帝国《ていこく》の北部におけるイスラムの国の名前は、イギリスのケンブリッジ大学に留学《りゅうがく》していたチョウダリー・ラフマト・アリーたちによって考えられました。彼《かれ》らは、パンジャブ（P）、アフガニア＝北西辺境州《へんきょうしゅう》（A）、カシミール（K）、シンド（S）のそれぞれの頭文字《かしらもじ》と、バローチスタンの「スタン」をとって、「パキスタン（PAKISTAN）」という名前をつけました。「パキスタン」は、ウルドゥー語で「清らかな国」を意味する言葉でもあります。

ちなみに、イギリスが植民地支配《しはい》する以前、インドはムガール帝国（一五二六～一八五八年）がおさめており、ムスリムが支配していました。一八五七～一八五九年、イギリスの植民地支配に対する民族闘争《とうそう》である「インド大反乱《だいはんらん》」が失敗に終わると、最後のムガール皇帝《こうてい》は追放されて、イギリス領インド帝国が成立します。

ナビラさんが住むパキスタンの部族地域《ちいき》が、なぜいまこのような状況《じょうきょう》に置かれているのか、それを理解《りかい》するためには、イギリスがどのようにこの地域《ちいき》をおさめたのかを振《ふ》り返《かえ》る必要があります。イギリスが支配《しはい》してからの南アジアの歴史を、ざっとおさらいしてみましょう。

アフガニスタンの独立《どくりつ》

現在《げんざい》、パキスタンの北にあるアフガニスタンは、十九世紀末、インドを支配するイギリスと、アフガニスタンのさらに北にあるロシアという、二つの帝国主義《ていこくしゅぎ》の国にとって関心の的となりました。ロシアとアフガニスタンが手を結んで仲良くなることを恐《おそ》れたイギリスは、それを妨害《ぼうがい》しようとして、二度にわたってアフガニスタンに攻《せ》め込《こ》みました。

イギリス軍が最初にアフガニスタンに入ったのが一八三八〜一八四二年でしたが、およそ一万五千六百人のイギリス軍はアフガニスタンの軍隊によって、ほぼ全《ぜん》滅《めつ》させられます。一八七七年、イギリスのヴィクトリア女王が皇帝《こうてい》を兼《か》ねるインド

インド、パキスタン周辺諸国《しょこく》の領土《りょうど》の変遷《へんせん》

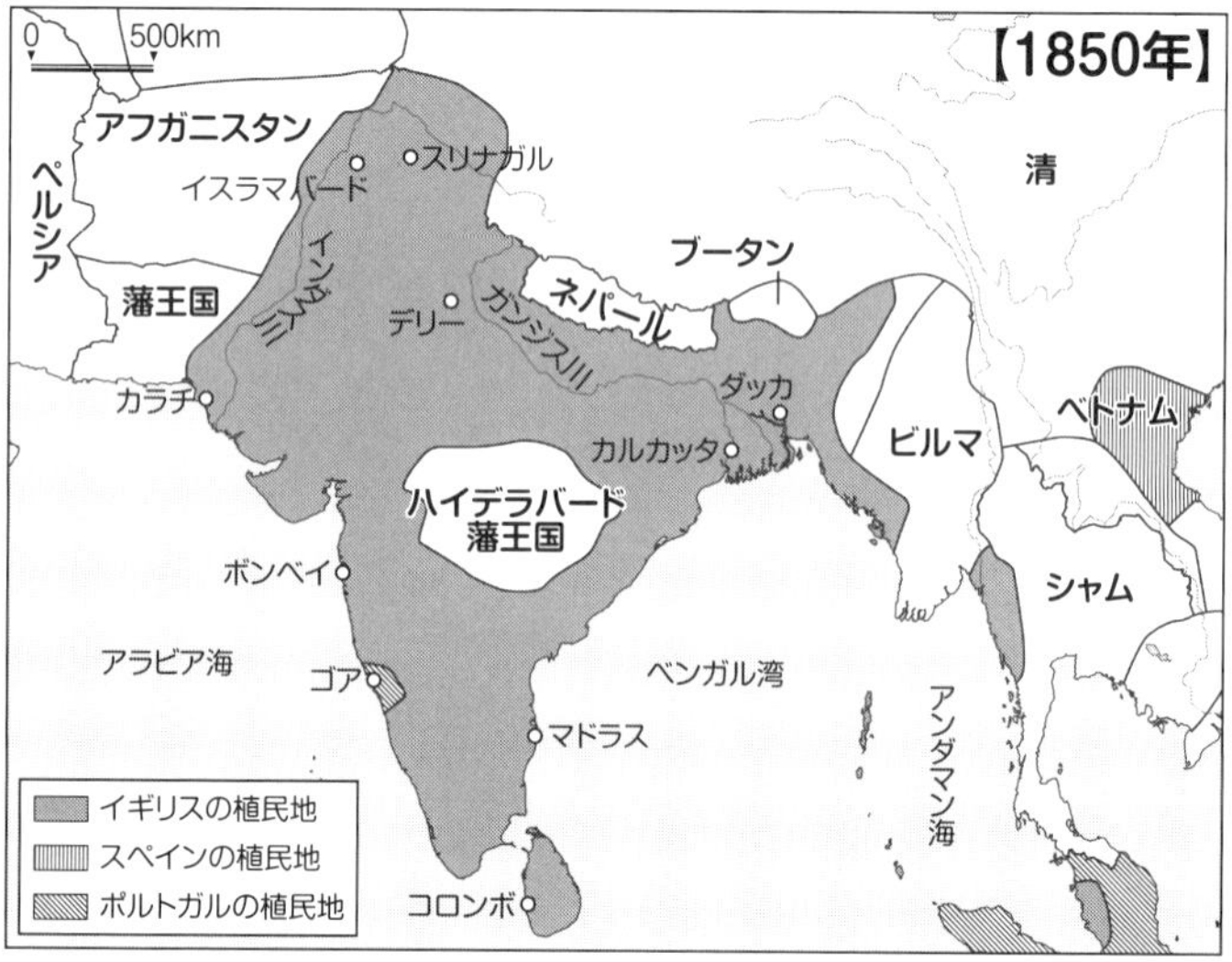

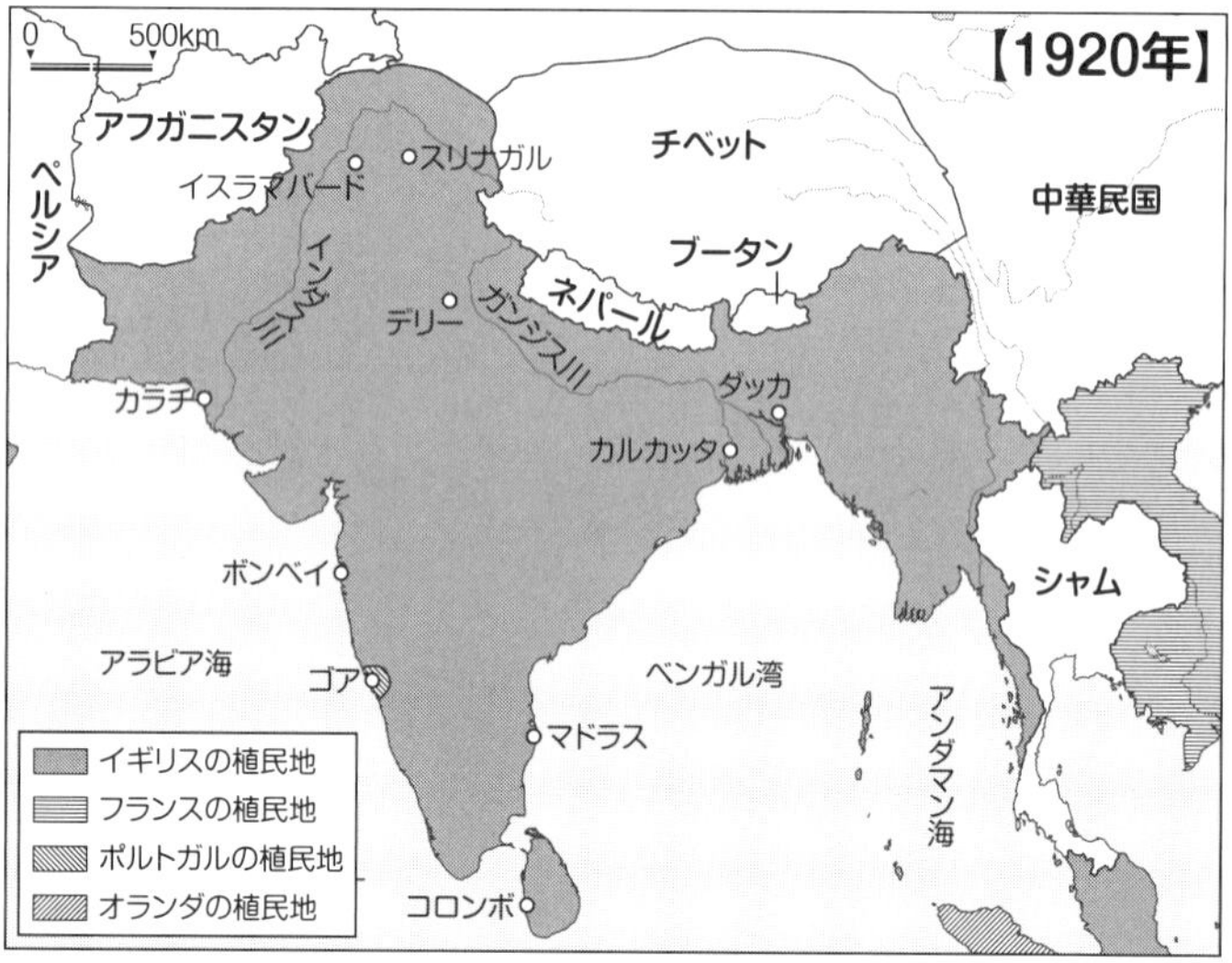

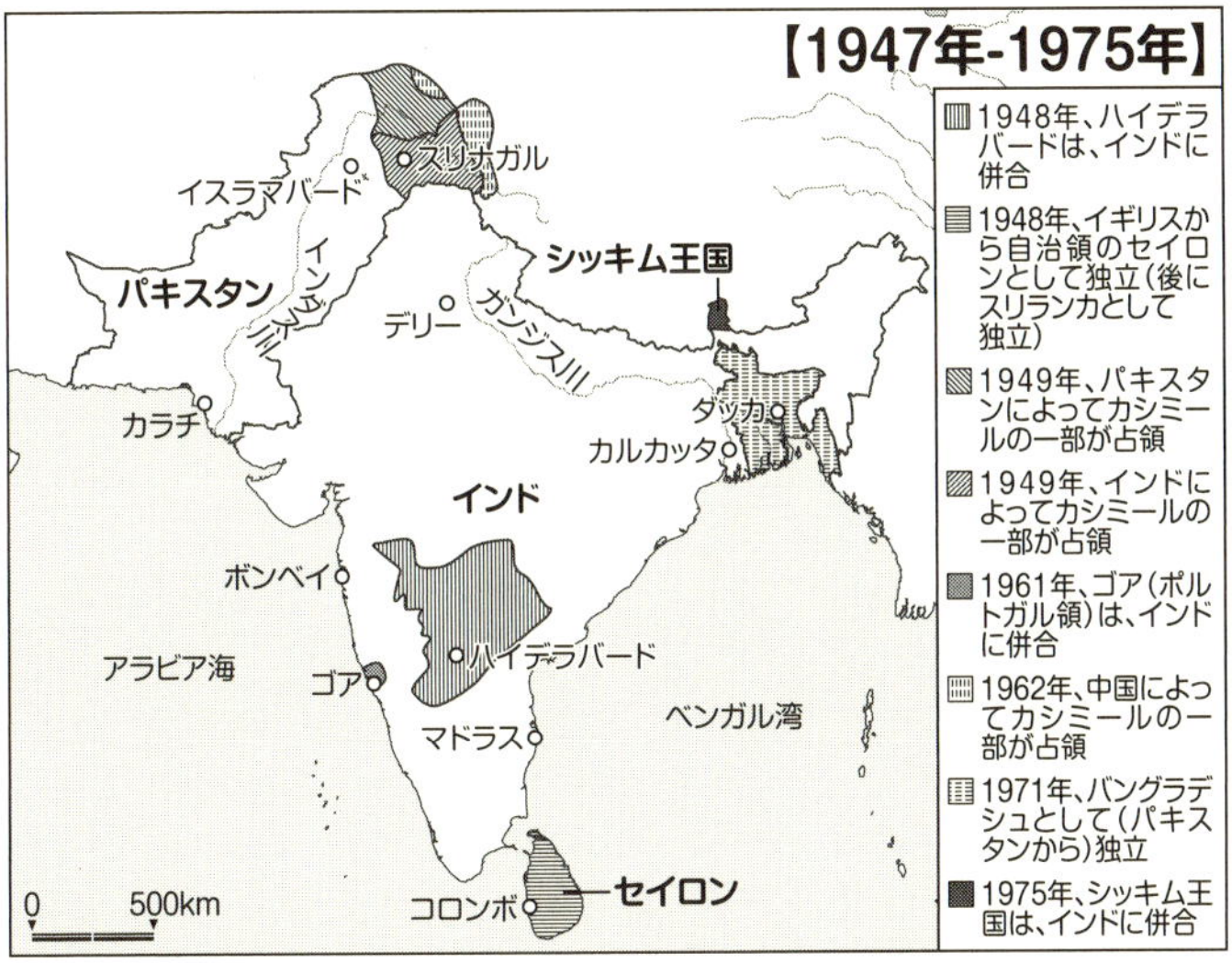
【1947年-1975年】
1948年、ハイデラバードは、インドに併合
1948年、イギリスから自治領のセイロンとして独立(後にスリランカとして独立)
1949年、パキスタンによってカシミールの一部が占領
1949年、インドによってカシミールの一部が占領
1961年、ゴア(ポルトガル領)は、インドに併合
1962年、中国によってカシミールの一部が占領
1971年、バングラデシュとして(パキスタンから)独立
1975年、シッキム王国は、インドに併合
スリナガル
イスラマバード
インダス川
パキスタン
シッキム王国
デリー
ガンジス川
カラチ
ダッカ
カルカッタ
インド
ボンベイ
ハイデラバード
アラビア海
ゴア
ベンガル湾
マドラス
セイロン
コロンボ
0
500km

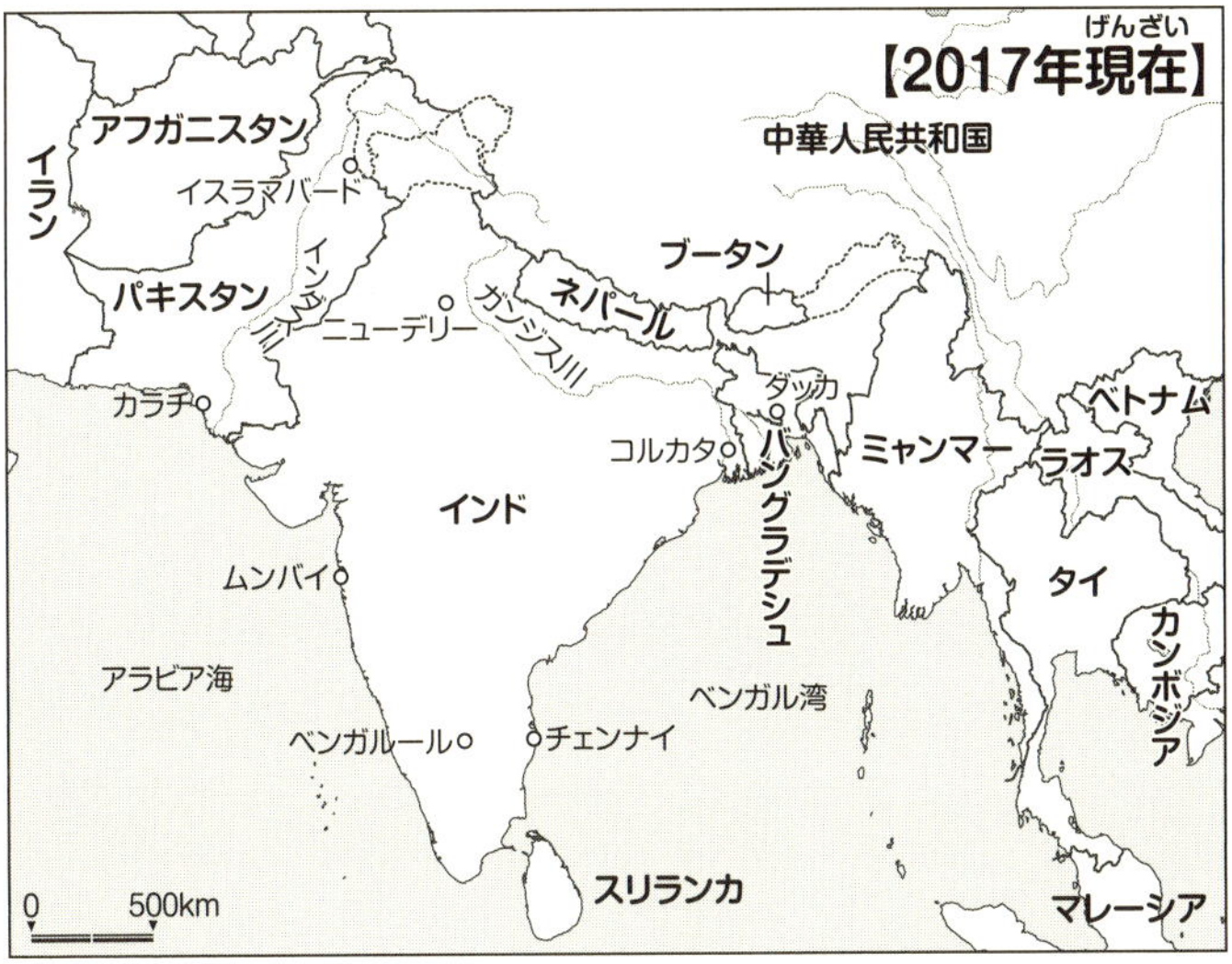
【2017年現在《げんざい》】
アフガニスタン
イラン
中華人民共和国
イスラマバード
インダス川
ブータン
パキスタン
ネパール
ニューデリー
ガンジス川
カラチ
ダッカ
ベトナム
コルカタ
バングラデシュ
ミャンマー
ラオス
インド
ムンバイ
タイ
カンボジア
アラビア海
ベンガル湾
ベンガルール
チェンナイ
スリランカ
マレーシア
0
500km

帝国《ていこく》が誕生《たんじょう》しますと、その翌年《よくねん》にイギリス軍は、ふたたびアフガニスタンに攻《せ》め入《い》ります。しかし、アフガニスタンで反イギリスの暴動《ぼうどう》が繰《く》り返《かえ》されたり、駐在《ちゅうざい》しているイギリスの外交代表が暗殺されたりして、イギリスは一八八〇年、またも撤退《てったい》を余儀《よぎ》なくされたのです。

イギリスは態度《たいど》を変え、アフガニスタン国王のアブドゥル・ラフマーン・ハーン（在位《ざいい》一八八〇〜一九〇一年）を支援《しえん》することにしました。こうしてアフガニスタンは、ロシアの侵入《しんにゅう》を阻止《そし》することを約束し、イギリスとロシアが互《たが》いに衝突《しょうとつ》し合《あ》わないための緩衝国家《かんしょうこっか》（両国が直接武力衝突《ちょくせつぶりょくしょうとつ》しないために、双方《そうほう》が介入《かいにゅう》しないことを約束した国）となったのです。

しかし、第一次世界大戦でイギリスの国力が弱まったことに乗じて、アフガニスタンのアマヌッラー国王（在位一九一九〜一九二九年）は、一九一九年に政情《せいじょう》が不安定だったインド帝国に攻《せ》め込《こ》みます（第三次アフガン戦争）。同じ年の八月八日にラワルピンジー条約《じょうやく》が結ばれ、アフガニスタンはイギリスの影響《えいきょう》から離《はな》れ、実質的《じっしつてき》な独立《どくりつ》を勝ち取ったのです。ちなみにラワルピンジーは、パキスタンの首都・イスラマバードの隣《となり》にある町の名前です。アフガニスタンは独立し、それによってイギリスからの経済援助《けいざいえんじょ》と武器《ぶき》の提供《ていきょう》は打ち切られました。

イギリスが二度の撤退《てったい》を余儀《よぎ》なくされた後の一八九三年、イギリス領《りょう》インド帝国《ていこく》とアフガニスタン、それぞれの勢力範囲《せいりょくはんい》として、「デュランド・ライン」が引かれましたが、これが国境《こっきょう》として国際的《こくさいてき》にも認《みと》められました。このラインは、現在《げんざい》のアフガニスタンとパキスタンを隔《へだ》てる国境として生きています。

パキスタン、バングラデシュの独立

パキスタンの独立に話を戻《もど》します。

パキスタンは一九四七年にイギリス連邦《れんぽう》の一員として独立を果たし、ムハンマド・アリー・ジンナー（一八七六〜一九四八年）が国の最高指導者《しどうしゃ》である「総督《そうとく》」の地位に就《つ》きます。ジンナーは、国の父として「カーイデ・アーザム（もっとも偉大《いだい》な指導者《しどうしゃ》）」という称号《しょうごう》が与《あた》えられました。

先ほどパキスタンの詩人イクバールが、インド帝国《ていこく》の北部四州だけをまとめてイスラム国家をつくろうとした話をしましたが、そのときの構想《こうそう》とは異《こと》なり、パキスタンは、インド東部のベンガル地方（現在《げんざい》のバングラデシュ）をもふくむ形で国ができあがりました。ベンガル地方は「東パキスタン」となり、パキスタンは地理的に分離《ぶんり》した国家となりました。西パキスタンと東パキスタンの間は千六百キロメートルも離《はな》れ、その間にはインドの領土《りょうど》が存在《そんざい》し、東西パキスタンを簡単《かんたん》に行き来する交通手段《しゅだん》もないという、特殊《とくしゅ》な形の国となったのです。

第二次世界大戦後、イギリス領インド帝国が抱《かか》えていた富《とみ》や資源《しげん》の多くは、パキスタンと同じタイミングで独立《どくりつ》したインドに与えられることになりました。そしてイギリス領インド帝国のなかでも、シンド、バローチスタン、北西辺境州《へんきょうしゅう》といった貧《まず》しい地域《ちいき》がパキスタンに編入《へんにゅう》され、経済的《けいざいてき》に豊《ゆた》かなパンジャブとベンガルについてはインド帝国との間で分割《ぶんかつ》されることになりました。しかし、ベンガル地方の分《ぶん》割《かつ》でも、パキスタンは経済的《けいざいてき》に豊《ゆた》かではない地方部を得られただけでした。

戦後に行われたインドとパキスタン、両国の国境《こっきょう》の線引きが、後々まで二国の対立を深めることになりました。とくに大きな因縁《いんねん》となったのが、イスラム教徒が多く暮《く》らすカシミール地方をインドに併合《へいごう》されてしまったことでした。カシミールの藩王《はんおう》（マハラジャ）のハリ・シンはヒンドゥー教徒で、その地域《ちいき》で暮らしている多《た》数派《すうは》はイスラム教徒であるにもかかわらず、彼《かれ》らのことを考慮《こうりょ》せずにインドへの編《へん》入《にゅう》を独断《どくだん》で決めてしまったのです。

国連の決議によって、カシミールがインドに帰属《きぞく》するかどうかを住民投票で決めることになったのですが、インドは住民投票をいまも実行しておらず、紛争《ふんそう》の火種は今日までもくすぶっており、分離独立《ぶんりどくりつ》を求めるテロ行為《こうい》が起きています。

独立を果たした後のパキスタンの経済は、悪化の一途《いっと》をたどることになります。国境の線引きで関係が悪くなったため、インドの工場でつくられた物品がパキスタンに入らなくなり、産業、商業、農業は大きな打撃《だげき》を被《こうむ》りました。パキスタンの分《ぶん》離《り》独立《どくりつ》は、数百万人にものぼる難民《なんみん》を生み出したばかりか、大量の虐殺《ぎゃくさつ》を伴《ともな》うことになりました。ムスリムとヒンドゥー教徒の間で、殺戮《さつりく》の応酬《おうしゅう》が始まったのです。パキスタンとインドは、互《たが》いに憎《にく》しみや不信感を高めていきました。

ちなみに東パキスタンは、現在《げんざい》、バングラデシュとして独立しています。この独立にも、民族同士が争った歴史があります。

西パキスタンから遠く離《はな》れた飛び地にあった東パキスタンですが、彼《かれ》らの公用語はベンガル語でした。しかし、ウルドゥー語を母国語とする西パキスタンが一九四八年に、東パキスタンの人たちにもその言葉を使うよう強制《きょうせい》すると、激《はげ》しく反発し、一九五二年にベンガル語の公用化を求める人々とパキスタン軍との武力衝突《ぶりょくしょうとつ》に発展《はってん》しました。これによってパキスタンは、二つの言語を公用語としたのですが、それでも西パキスタンが政治《せいじ》の主導権《しゅどうけん》を握《にぎ》っていることに、東パキスタンのいらだちは募《つの》っていきました。

東パキスタンの独立《どくりつ》を決定づけたのは、一九七〇年十一月に発生したボーラ・サイクロン（台風の一種）による被害《ひがい》でした。三十万〜五十万人とみられる死者を出した、史上最悪ともいわれる被害でした。この被害に対して、当然、世界から支援《しえん》の手がさしのべられましたが、東パキスタンの人たちは、「自国である西パキスタン側の救援活動が消極的だ」と感じました。これにより、東パキスタンでは独立の動きがいっきに高まり、翌年《よくねん》の一九七一年にバングラデシュとして独立したのです。このバングラデシュの独立の際《さい》にもパキスタンとインドは戦争を行い（第三次印パ紛争《ふんそう》）、さらに険悪《けんあく》な関係となりました。

パシュトゥン人の二つの祖国《そこく》

ナビラさんやマララさん、パシュトゥン人の悲しみは、自分たちと同じ民族が二つの国に引《ひ》き裂《さ》かれたことが原因《げんいん》となっています。

先ほど話したとおり、インドを支配していたイギリスがアフガニスタンからの撤《てっ》退《たい》を余儀《よぎ》なくされ、イギリス領《りょう》インド帝国《ていこく》とアフガニスタン、両国の勢力範囲《せいりょくはんい》として「デュランド・ライン」が引かれました。しかし、この国境《こっきょう》を分けるラインは、この地域《ちいき》に同じ民族が暮《く》らしていることを考慮《こうりょ》せず、たんに国家間同士の勢力争いの結果、引かれたものです。

現在《げんざい》もパシュトゥン人は、アフガニスタンとパキスタンにまたがって住んでいる人々です。勝手につくられた国境線によって、パシュトゥン人が「自分の国です」と言える国家はありません。このことは、世界にある矛盾《むじゅん》をよく表していると思います。

第二章でお話しした中東のクルド人は、人口の総数《そうすう》が二千万人とも三千万人ともいわれていますが、第一次世界大戦後、トルコ、イラク、シリアなどに分かれて暮らしています。そして彼《かれ》らの一部は、中央政府《ちゅうおうせいふ》に対する反乱《はんらん》を起こしてきました。現在でもトルコ政府と、トルコ国内のクルド人武装勢力《ぶそうせいりょく》「ＰＫＫ（クルド労働者《ろうどうしゃ》党《とう》）」は戦闘《せんとう》を繰《く》り返《かえ》しています。

パシュトゥン人たちのなかに、「パシュトゥニスタン（パシュトゥン人の国）」をつくろうという動きがあります。イギリスの占領政策《せんりょうせいさく》によって、理不尽《りふじん》にも国を持てなかったという悔《くや》しい思いを、彼《かれ》らは持ち続けています。しかしその思いも、アフガニスタンやパキスタンの政治指導者《せいじしどうしゃ》たちから見れば、「彼らパシュトゥン人が、国を分断《ぶんだん》してしまうのではないか」と受け取られてしまいます。

政治指導者が彼らの動きを無視《むし》できないのも当然で、パシュトゥン人はアフガニスタンでは最大多数の民族です。アフガニスタンの政権《せいけん》を担《にな》ってきたのも、現在《げんざい》のアシュラフ・ガニ大統領《だいとうりょう》をふくめ、多くはパシュトゥン人たちです。アフガニスタンのタリバンのメンバーも、その多くはパシュトゥン人です。

パシュトゥン人の教育レベル

パシュトゥン人とは、どんな人たちなのでしょうか。

私《わたし》は、アフガニスタン南部のカンダハルの町を訪《おとず》れたことがありますが、ほとんどがパシュトゥン人という町でした。人々はにこやかに声を掛《か》けてきましたし、何よりパシュトゥン人には、客を手厚《てあつ》くもてなす伝統《でんとう》がありました。カンダハルのゲストハウスでは、毎回、食べきれないほどの食事が出てきて、まるで特別なゲストにでもなったかのような気分がしたものです。

二〇一六年四月に、パシュトゥン人が多いペシャワールを訪《たず》ねたときも、同じように彼《かれ》らの温かさに触《ふ》れました。大人の女性《じょせい》たち以外は、みんな気さくに写真撮影《さつえい》に応《おう》じてくれました。四月にイスラマバードに着いたとき、空港まで出迎《でむか》えに来てくれたのはアフガニスタンに住む、パシュトゥン人のジャーナリストでした。空港に着いたのが夜遅《よるおそ》く、午後十時を回っていました。お腹《なか》が減《へ》っていたのですが、開いているレストランが少ないので仕方ありません。すると彼は、「電子レンジで温めて食べて」と言って、イスラマバードのアフガニスタン料理店でつくった焼き肉やご飯などの料理をホテルに持ってきてくれました。「お客さんに対して、最高のもてなしをする」というのが、パシュトゥンの人々の礼儀《れいぎ》なのです。

また、彼《かれ》らパシュトゥン人がふだん使うパシュトゥン語は、パキスタンの公用語であるウルドゥー語とは、かなりかけ離《はな》れている独特《どくとく》の言語だそうです。ナビラさんを日本に招《まね》くに当たり、BBC（英国放送協会）で取材活動をしていた経験《けいけん》を持つアシュラフ・アリーさんにいっしょに来ていただいたのですが、パキスタンのほぼすべての部族地域《ちいき》の方言に習熟《しゅうじゅく》している彼に言わせると、ナビラさんが生まれたタッピという村の方言は、かなり特殊《とくしゅ》なものだったそうです。

シンポジウムでナビラさんのお話を翻訳《ほんやく》してもらおうと、パシュトゥン語の通訳を手配したのですが、パキスタンのペシャワール出身のこの通訳と、ナビラさんとでは異《こと》なるパシュトゥン語を話すということで、かなり苦労していました。結局、途中《とちゅう》からは、アシュラフさんにナビラさんやお父さんのパシュトゥン語を英語に訳してもらい、それをさらに同時通訳の方々に日本語に訳してもらうことで、シンポジウムを乗り切りました。

言葉の問題からもわかるとおり、ナビラさんが暮《く》らすパキスタンの部族地域は、都市部の発展《はってん》の恩恵《おんけい》をほとんど受けず、経済的《けいざいてき》に大きく取り残されてきました。いまも、わずか三％の女性《じょせい》しか教育を受けず、八千人に一人の割合《わりあい》で医者がいるにすぎません。先の見えない貧《まず》しい現状《げんじょう》に、そこで暮《く》らす人たちは不満を抱《いだ》いています。彼《かれ》らは、パキスタン政府《せいふ》や、これまで部族社会を支配《しはい》してきた「マリク」と呼《よ》ばれる指導者《しどうしゃ》たちを信頼《しんらい》しなくなっていきました。いつまで経《た》ってもパキスタン都市部との不公平を解消《かいしょう》せず、貧しい生活のままだからです。こうした背景《はいけい》も、「パキスタン・タリバン運動（ＴＴＰ）」を生み出した基《もと》となっています。

パキスタン軍が部族地域《ちいき》に侵攻《しんこう》

パキスタン政府はＴＴＰの暴力《ぼうりょく》に手を焼き、武力《ぶりょく》によってＴＴＰを消滅《しょうめつ》させることを考えていきます。それが二〇一四年六月に始まった、部族地域への軍事作戦です。この作戦によって、ナビラさんの一家も、部族地域のすぐ外にあるバンヌに逃《のが》れました。とくにパキスタン軍が作戦に力を入れた地域は、ナビラさんの生まれ育った家がある北ワズィーレスタンで、それにより、ナビラさんをはじめ百万人の人々が国内避難民《ひなんみん》となりました。避難民たちが食糧配給《しょくりょう》を待って長い列をつくり、子どもたちが手で食糧を懸命《けんめい》にほお張《ば》る姿《すがた》が、映像《えいぞう》などで紹介《しょうかい》されました。ナビラさん自身、「バンヌでの生活は、食事もトイレも十分ではない」と語っていました。

そして、暴力《ぼうりょく》は次なる暴力を生み出します。

同じ二〇一四年の十二月十六日、ペシャワールにある軍が運営《うんえい》する学校で銃撃事《じゅうげきじ》件《けん》が発生し、生徒百三十二人をふくむ合計百四十人以上が死亡《しぼう》しました。TTPによる犯行《はんこう》でした。抵抗《ていこう》できない子どもたちをねらった点で、たいへん卑劣《ひれつ》です。また、学校を襲撃《しゅうげき》したという点でも、彼《かれ》らが、教育をいかに軽《かろ》んじているかがわかります。

アフガニスタン軍も、部族地域《ちいき》から逃《のが》れてアフガニスタン東部に侵入《しんにゅう》してくるTTPの兵士たちと戦闘《せんとう》を行うようになりました。それに加えてアメリカまで、TTPを軍事的に壊滅《かいめつ》させることを考え、パキスタン、アフガニスタンの両政府《りょうせいふ》とともににTTPの制圧《せいあつ》にのめり込《こ》むようになりました。

二〇一六年四月、私《わたし》がパキスタンを訪問《ほうもん》した際《さい》、イスラマバードの国際《こくさい》科学《かがく》技術《ぎじゅつ》大学《だいがく》の教員たちと話をする機会がありました。彼《かれ》らは、「TTPの活動は、ほぼ終わった」と話していました。パキスタン軍によるTTPへの攻撃《こうげき》が、一定の成果を収《おさ》めたというのです。もし、それが本当だとすれば、政治的《せいじてき》安定があるいまこそ、パキスタン政府は部族地域《ちいき》の社会・経済的《けいざいてき》安定に力を注ぎ、学校や病院の建設《けんせつ》に、真剣《しんけん》に取り組むべきでしょう。部族地域の人々の生活が向上しなければ、ふたたび暴力《ぼうりょく》によって不満を政府に訴《うった》える別のグループが出てくるかもしれません。

パキスタンはインドになれるのか

日本政府も、パキスタンの安定が世界の暴力を減《へ》らすために重要だと考えています。二〇〇九年四月には東京《とうきょう》で、「パキスタン支援国会合《しえんこくかいごう》」を開きました。パキスタンの安定化を図《はか》るため、日本も指導力《しどうりょく》を発揮《はっき》しようとしたのです。

社会・経済的《けいざいてき》インフラの整備《せいび》が進めば、部族地域《ちいき》の人々も豊《ゆた》かさから来る心の平安を取《と》り戻《もど》し、武力《ぶりょく》ですべての決着をつけようとする姿勢《しせい》がなくなっていく可能性《かのうせい》が高いと考えます。「戦争よりも、平和」、「貧困《ひんこん》よりも、より健康な生活」。これらを望むのが、人間の本来の姿《すがた》でしょう。ナビラさんの来日も、部族社会の問題を日本人が考える、一つのきっかけになったと思います。

パキスタンの中央政府《せいふ》は独立《どくりつ》以来、部族地域の生活基盤《きばん》の充実《じゅうじつ》に力を入れてきませんでした。部族地域は、イギリス領《りょう》インド帝国《ていこく》時代から発展《はってん》を遂《と》げてきたパンジャブなど中央の都市から遠く離《はな》れているうえ、方言の例でお話ししたとおり、中央とは異質《いしつ》の文化を持っています。パキスタンでは、イスラマバードから北に行けば行くほど、人々の生活ぶりは貧《まず》しくなるという印象があります。日本をはじめ外国によるパキスタンの支援《しえん》も、首都や大都市に注意を向けるだけでなく、地方の貧困の改善《かいぜん》に力を尽《つ》くしていくことが暴力《ぼうりょく》を抑制《よくせい》することにつながります。

パキスタンの貧困について考えてみたとき、私《わたし》個人《こじん》の体験ですが、三十年近く前にインドを訪《おとず》れたときのほうが、はるかに驚《おどろ》きました。コルカタの街は物乞《ものご》いをする人であふれ、人々はバケツにくんできた水で食器を洗《あら》っていました。そのインドはいまや、経済的発展《けいざいてきはってん》によって世界中から注目を集める国に変貌《へんぼう》しました。

現在《げんざい》のパキスタンを訪れても、インドに初めて行ったときに感じたほどの貧《まず》しさを目にすることはありません。パキスタンは、もともとはインドと同じ文化を共有する国なのですから、インドを見習って教育の充実《じゅうじつ》やテクノロジーの発展に力を注げば、インドのような発展を遂《と》げる可能性《かのうせい》は十分にあると思います。

そうなるための大前提《だいぜんてい》として、パキスタン政府《せいふ》は、インドとの対立のために予算の多くを軍事費に使わないことが重要です。そのうえで、日本の義務教育《ぎむきょういく》のような公教育の充実が求められます。何度も言いますが、教育が行《ゆ》き渡《わた》らなければ、いきおい低賃金《ていちんぎん》で働く労働にしか就《つ》けません。

パキスタンでは、イスラムの神学校に預《あず》けられ、衣食住を提供《ていきょう》してもらっている貧しい家庭の子どもたちが少なからずいます。あるとき私《わたし》が、「神学校の卒業生たちは、どういう進路をとるのですか」と尋《たず》ねたところ、「自分の出身地に帰って神学校の教師《きょうし》になります」との答えが返ってきました。この状態《じょうたい》が続けば、神学校の教師と神学校が増《ふ》えていくばかりです。さらにいえば、多くの若者《わかもの》たちがイスラム教の勉強ばかりしていても、経済《けいざい》や社会の発展《はってん》に結びつきません。

パキスタンでは時折、軍隊が政治《せいじ》に介入《かいにゅう》します。つまり、力で結論《けつろん》を違《ちが》う方向に持っていくことがある、ということです。パキスタンの政治家に、国民の福利を考えようとする意識《いしき》が十分育っていないことが垣間見《かいまみ》えます。国民に不利益《ふりえき》な政治が行われても、教育を受けていない国民は言論《げんろん》で抗議《こうぎ》することなく、結局は暴力《ぼうりょく》で政府に訴《うった》えることになります。

ナビラさんの訴える「教育の重要性《じゅうようせい》」は、じつはパキスタンの国の将来《しょうらい》を左右する指針《ししん》だといっても過言《かごん》ではないのです。

第五章　ナビラさんの入学・通学

学びたいナビラさんへの支援《しえん》

二〇一六年三月十四日、ナビラ・レフマンさんが、パキスタンのペシャワールにある「スマート・スクール（Smart School）」に初登校したというメールが、私《わたし》のもとに届《とど》きました。送ってくれたのは、ナビラさんといっしょに来日したアシュラフ・アリーさんです。ナビラさんの兄妹《きょうだい》も学校の制服《せいふく》を着て、美しく輝《かがや》き、じつに晴れやかな一日だったと書かれていました。

ナビラさんに日本に来てもらい、イスラム世界の女性《じょせい》たちが教育を受ける機会を奪《うば》われている現状《げんじょう》を話してもらいましたが、彼女《かのじょ》が帰国した後、私《わたし》は、「彼女の話を聞いて、日本の一部の人たちにイスラムの女性《じょせい》の現状を知ってもらうことができた。でも、それだけでよいのだろうか」と考えるようになりました。もっと具体的にいえば、ナビラさんが教育を受けたいと願っていることはわかっているのだから、何とか学校に通わせてあげられないものか、と考えたのです。

ナビラさんは二〇一四年六月から始まったパキスタン軍による「パキスタン・タリバン運動（TTP）」掃討作戦《そうとうさくせん》のために、タッピの村から逃《のが》れ、国内避難民《ひなんみん》として部族地域《ちいき》のすぐ外にあるバンヌというところで暮《く》らしていました。日本に来た時点で、すでに一年半も教育を受ける機会から遠ざかっている状況《じょうきょう》でした。

第三章でお話ししたとおり、パキスタンの女子の識字率《しきじりつ》は、わずか三六％です。日本に来たときのナビラさんの年齢《ねんれい》が十一歳《さい》。教育を受けさせるのに適《てき》した年齢を考えると、「早く何とかしてあげたい」と思いました。

私は中学時代、野球部だったのですが、一年先輩《せんぱい》に衆議院議員《しゅうぎいんぎいん》をしている小沢鋭《おざわさき》仁《ひと》さんがいます。彼《かれ》は環境大臣《かんきょうだいじん》を務《つと》めたこともあり（大臣時代は民主党《みんしゅとう》に所属《しょぞく》）、彼なら何か打つ手を考えてくれるのではないかと、私《わたし》はナビラさんが帰国した後、小沢さんに相談を持ちかけました。

彼女《かのじょ》の教育を支援《しえん》する方法として、日本のＯＤＡ（政府開発援助《せいふかいはつえんじょ》）を使って彼女が住んでいる地域《ちいき》に学校を建てるという手段《しゅだん》があります。しかし、それがかなったとしても、相当な時間が掛《か》かります。学ぶことの楽しさがわかり、学ぶ意欲《いよく》のある年齢《ねんれい》だからこそ、できるかぎり急いで支援したほうがいいと考えました。小沢さんに話をすると、彼もまったく同じ意見でした。

小沢さんは衆議院《しゅうぎいん》予算委員会で岸田文雄外務大臣《きしだふみおがいむだいじん》に、ナビラさんの置かれている状況《じょうきょう》を把握《はあく》しているのか、そして、パキスタンへの教育支援についてどう考えているのかを質問《しつもん》しました。すると岸田外相《がいしょう》も、「暴力《ぼうりょく》の抑制《よくせい》のために教育が必要だということは、わかっています」と答弁《とうべん》しました。日本の政府や社会のなかに、「世界の暴力を減《へ》らすためには、教育が大事なんだ」という考えが次第《しだい》に広がり、定着しつつあることを実感します。とても好ましいことだと思っています。

小沢さんの協力もあって、二〇一六年の二月から、ナビラさんの教育を受ける機会を支援《しえん》する募金口座《ぼきんこうざ》を設《もう》けることができました。集まった募金で、ナビラさんと六人の兄妹《きょうだい》たちを「スマート・スクール」に入学させることができたのです。

入学先としてこの学校を選んだのは、お父さんのラフィークさん、そしてアシュラフ・アリーさんの意向が働いています。ペシャワールには、ラフィークさんの親戚《しんせき》が住んでいるから安心ですし、この学校は英語で授業《じゅぎょう》が行われ、パソコンの実習もあり、ナビラさんの才能《さいのう》を磨《みが》くのにとても好ましい環境《かんきょう》だということでした。

ナビラさんに会いにペシャワールへ

ナビラさんが通うスマート・スクールは、ペシャワールの郊外《こうがい》にあります。パキスタンからハイバル峠《とうげ》へと向かうこの地には過去《かこ》に王国が築《きず》かれ、文明や交易《こうえき》の交差路として栄えました。治安が悪化する前は、日本からも多くの観光客たちがガンダーラの遺跡《いせき》の見学に来ており、仏教《ぶっきょう》伝来のルーツに思いを馳《は》せていたものです。ふたたび多くの観光客であふれる街としてよみがえってほしいと願います。

私《わたし》には、寄付《きふ》で集まったお金をナビラさんに手渡《てわた》ししたいという思いがありましたので、彼女《かのじょ》の入学にあわせて、この年の四月にパキスタンに行くことにしました。

三年前の二〇一三年にペシャワールを訪問《ほうもん》した際《さい》には、パキスタン政府《せいふ》が発行する「NOC（No Objection Certificate）」という通行許可《つうこうきょか》は必要なかったのですが、今回は出かけるほんの少し前に、「入国するのにNOCが必要ですよ」と、現地《げんち》で暮《く》らす日本人の新聞記者から情報《じょうほう》が入りました。急いで東京《とうきょう》のパキスタン大使館に問い合わせたのですが、大使館さえ現地の様子を把握《はあく》できず、はっきりしたことがわからないのです。こうしたところから、政治的に安定していないパキスタンの特別な事情がうかがえます。

結局、私はNOCを持たないで出国したので、ペシャワールに入れない可能性《かのうせい》もあったのですが、「当たって砕《くだ》けろ」の精神《せいしん》でペシャワールに向かいました。ペシャワールで高速道路を下り、いくつか検問《けんもん》があったのですが、結局は街のなかに入ることができました。私《わたし》は車のなかで新聞を読んだりして過《す》ごしていたのですが、警察《けいさつ》や軍から止められることはありませんでした。

イスラマバードからペシャワールにかけて車で移動《いどう》すると、だんだんと緑が生《お》い茂《しげ》っていくのを感じます。スマート・スクールは、ペシャワールの郊外《こうがい》の部族地域《ちいき》に隣接《りんせつ》する、緑が濃《こ》い閑静《かんせい》な住宅街《じゅうたくがい》にありました。それほど大きなものではなく、校庭にも日本の小さな公園にあるような遊具がある程度《ていど》です。

お父さんのラフィークさんは、学校の外で待っていてくれました。ナビラさんたち家族は、学校の周辺に住まいが見つかるまで学校の一室に間借りをしていたのです。ラフィークさんは私を見るやいなや、私を固く抱《だ》きしめてくれました。ヨーロッパなどでも見られることですが、イスラム世界では親愛の情《じょう》を示《しめ》すために男性《だんせい》同士、女性同士で抱擁《ほうよう》し合《あ》います。後からナビラさんも現《あらわ》れて、にっこり笑い、再《さい》会《かい》をとても喜んでくれました。

ナビラさんの「教育を受けたい」という願いを支援《しえん》する募金《ぼきん》を届けるため、著者《ちょしゃ》（右）はパキスタンでナビラさん親子に再会《さいかい》した

　遠い遠い日本に来て、「イスラムの女性《じょせい》たちに教育を受ける機会を」と訴《うった》えたナビラさんは、自身も学びたいという気持ちが強い女の子でした。だから、その願いがかなったことは、当たり前に教育を受けられる日本の人たちには、想像《そうぞう》もつかないほど幸運な出来事だったことでしょう。その様子は、ナビラさんと

ともに私《わたし》を迎《むか》えてくれた、彼女《かのじょ》の兄妹《きょうだい》たちの表情《ひょうじょう》からも見てとることができました。

ナビラさんは、こんなふうに喜びを言葉にしました。

「これから学校に通えることに、とても幸せを感じています。支援《しえん》してくださる日本の方々に本当に感謝《かんしゃ》します。そのおかげで、私は夢《ゆめ》をかなえることができたんです。授業《じゅぎょう》で英語とウルドゥー語を学べることが、うれしいです。自分の気持ちを、もっともっと伝えられるような気がします」

ナビラさんたちが暮《く》らす学校の一室に通されましたが、八畳《じょう》ぐらいの広さで、兄妹たち七人が生活するには広いとはいえないものでした。その部屋で、ナビラさんの弟、五歳《さい》のサフダル君が踊《おど》りを見せてくれました。その愛くるしい姿《すがた》に、みんな思わずどっと笑ってしまいました。サフダル君は好奇心《こうきしん》が旺盛《おうせい》で、私がパソコンを取り出すやいなやそれを触《さわ》ろうとして、お父さんに叱《しか》られていました。

「この子は算数が天才的にできるんですよ」

スマート・スクールの一室で借《か》り暮《ぐ》らしをするナビラさんの家族が出迎《でむか》えてくれた

学校の先生が、私《わたし》にそう教えてくれました。

お話ししたとおり、パシュトゥン人はお客さんをもてなすことをたいせつにしています。ナビラさんもその伝統的《でんとうてき》な価《か》値観《ちかん》を受《う》け継《つ》いでいるようで、量が多めのお茶を出してくれました。部屋でインタビューしている際《さい》、ナビラさんはお祈《いの》りのために絨毯《じゅうたん》を持って部屋を出ていきました。やはり敬虔《けいけん》なイスラム教徒です。ナビラさんから話を聞いている間、兄妹《きょうだい》たちも、お父さんも、代わる代わる礼拝《れいはい》に出かけていきました。

ナビラさんの受ける教育

アシュラフ・アリーさんの話では、パキスタンの公立学校は、一般的《いっぱんてき》に教師《きょうし》たちが厳《きび》しく、体罰《たいばつ》をふるうこともあるけれど、スマート・スクールの先生たちはそのような指導《しどう》をしないということでした。ナビラさん自身、「先生たちは親身に指導してくれる」と話していました。

スマート・スクールでナビラさんは、英語、ウルドゥー語、数学、科学（日本の理科に相当すると思います）、社会、コンピューターを勉強しています。彼女《かのじょ》にとって、英語を学ぶのは初めての経験《けいけん》です。授業《じゅぎょう》は朝の七時半から午後二時まで。夕方には英語の特別授業や、遅《おく》れている科目の補習《ほしゅう》授業もしてくれます。

どんな授業が行われているのか、私《わたし》は見学させてもらうことにしました。

授業はすべて英語で行われていて、ナビラさんは真剣《しんけん》な様子で、ホワイトボードの英語をノートに書き写していました。

「いずれは英語で立派《りっぱ》にプレゼンテーションができ、教育や平和の尊《とうと》さを訴《うった》えられる人材に育ってほしい」

そのように先生は生徒たちへの期待を語っていました。この学校の上級生たち、そしてナビラさんの同級生でも一部の子は、かなり流暢《りゅうちょう》に英語を話せます。

ナビラさんを教える先生の一人は、彼女《かのじょ》に教育を授《さず》けるに当たって、どんなことを考えているか話してくれました。

「ナビラはドローンによる悲劇《ひげき》に巻《ま》き込《こ》まれ、それから二年間、どこのコミュニティにも属《ぞく》していなかった。つまり広く社会と接触《せっしょく》してこなかったために、多くのことを失ってきました。それを差し引いてもナビラが生まれ育ったワズィーレスタンは、パキスタン国内のほかの地域《ちいき》と比《くら》べて、まるで別世界です。部族地域の慣習《かんしゅう》は、言葉はもちろん、服装《ふくそう》や食べ方に至《いた》るまで、ほかのパキスタンとは異《こと》なります。まずは、ナビラが部族地域の慣習から離《はな》れ、早くほかの子たちに溶《と》け込《こ》んでほしいですね」

スマート・スクールは、宗教的《しゅうきょうてき》な戒律《かいりつ》とは距離《きょり》を置いた教育方針《きょういくほうしん》を立てているようでした。というのも、先生たちが、「いずれは、イスラムの女性《じょせい》がかぶっているスカーフをかぶらないで授業《じゅぎょう》をするようにしたい」と話していたのです。また、部族地域《ちいき》で使われている言語についても、学校としての考えがあるようでした。先生は続けました。

「ナビラが友だちと円滑《えんかつ》に会話するためには、英語やウルドゥー語の習得が必要です。彼女《かのじょ》が部族地域で使っていたパシュトゥン語は、パキスタンでも限《かぎ》られた範囲《はんい》で使われているだけの言葉です。ですので、まずは、さまざまな思いや考えを表現《ひょうげん》できるためのコミュニケーション手段《しゅだん》として英語を身につけさせたいと考えています。彼女には最初のクラスで、英語で自己紹介《じこしょうかい》をしてもらいました。『私《わたし》はナビラです。部族地域のワズィーレスタンからやってきました』という挨拶《あいさつ》でした。

語学の習得は、ほかの生徒や教師《きょうし》たちとのコミュニケーションが円滑になるだけでなく、彼女にとって、メディアを通じて自分の体験や思いを発信するときに役立ちます。彼女《かのじょ》は心のなかに閉《と》じ込《こ》めていることがまだまだたくさんあります。それを表現《ひょうげん》してほしいと思うのです。彼女自身の表現力を高めることも私《わたし》たちの重要な教育目標です。まだ内気なところもありますが、ナビラはとても賢《かしこ》い子どもですので、いずれ十分に話ができるようになるでしょう。彼女が日ごとに前進することを、私たちは期待しているんです」

ただ、ナビラさんは部族地域《ちいき》で生まれ育ったゆえに、学習が遅《おく》れているということ以上に、大きな問題を抱《かか》えています。それは、アメリカ軍のドローン攻撃《こうげき》で受けた心の傷《きず》です。ナビラさんの先生たちも、彼女の過去《かこ》については、とても気づかっていました。

「ナビラは、暴力《ぼうりょく》について、とても敏感《びんかん》になっています。生徒たちとのお茶会をしたのですが、つい最近、ラホールで起きた自爆《じばく》テロが話題になり、彼女は深刻《しんこく》に考《かんが》え込《こ》んでいました。自分が受けた戦争の暴力、祖母《そぼ》がドローンによって殺害されたという最悪の記憶《きおく》をよみがえらせたようです。学習の遅れを取《と》り戻《もど》すのもたいせつですが、心のケアをしていく必要があります」

ラホールはパンジャブ州の州都で、二〇一六年三月二十七日、公園のゲートで爆《ばく》発《はつ》が起き、七十人あまりが犠牲《ぎせい》になったのです。その後、TTPから分かれた団体《だんたい》が犯行声明《はんこうせいめい》を出しました。

パソコンの実習室に、ナビラさんがつくったドローン攻撃《こうげき》を受ける前の村の様子を描《えが》いた工作が飾《かざ》られていました。彼女《かのじょ》にとってよい時代の記憶《きおく》を印象づけ、少しでも心のケアになればという先生たちの配慮《はいりょ》なのでしょう。ナビラさんは二〇一三年にアメリカ議会に行った際《さい》、ドローン攻撃の被害《ひがい》を描いた絵を持っていきましたが相手にもされませんでした。

学校の先生たちが語学習得を急ぐのには、彼女の考えていることが、これまで以上にわかるようになれば、彼女の心の傷《きず》をケアしながら、効果的《こうかてき》に教育を授《さず》けられるという配慮もあるのです。

情報《じょうほう》に触《ふ》れることで変わる価値観《かちかん》

スマート・スクールで語学とともに重きを置いているのが、コンピューターについての授業《じゅぎょう》でした。先生は、授業のねらいについてこう説明します。

「インターネットは、外の世界へと視野《しや》を広げてくれます。ナビラは、これまでパソコンに触れたことがなく、パソコンを使ったコミュニケーション手段《しゅだん》を持ってきませんでした。彼女《かのじょ》の遅《おく》れを取《と》り戻《もど》すため、土曜日の放課後、教員たちで特別のチームをつくって補習《ほしゅう》をしていますが、英語や数学のほか、コンピューターに力を入れています。これから住むところが定まったら、できればラップトップコンピューターを自宅《じたく》に入れて、学校のＩＤ《アイディー》を使ってかまわないので、パソコンに触れる時間を増《ふ》やしてほしいのですが」

とはいえ、学校の実習室に置かれているパソコンも、最新式というわけではありません。かなり古いタイプのデスクトップのパソコンでした。

先生たちが、ナビラさんにインターネットに慣《な》れるようすすめるのには、理由があります。第一章でお話ししましたが、パキスタンやそれ以外の国で大きな出来事があったとして、ナビラさん一家がそれを知ろうとしても、ラジオのニュースを人から伝え聞くくらいしか手がありません。彼《かれ》らは情報《じょうほう》から遠いところで暮《く》らしてきました。しかし、生活拠点《きょてん》をペシャワールに移《うつ》し、スマート・スクールに入ったことで、インターネットを使うことができるようになりました。個人《こじん》を広い世界とつなげてくれるこれらの技術《ぎじゅつ》は、ナビラさんや兄妹《きょうだい》たちの目を開いてくれるように思います。

私《わたし》は、「対テロ戦争」が始まった二〇〇一年ごろ、中央アジアのタジキスタンの首都・ドゥシャンベからアフガニスタン北部のホジャバハウディンという街に入ったことがあります。パキスタンの部族地域《ちいき》と同様で、テレビなど情報を得る手段《しゅだん》も整備《せいび》されておらず、発展《はってん》から取り残された街でした。

人々の楽しみは、夜に食堂に集まって雑談《ざつだん》をすることぐらいでした。その食堂には三十人くらいの人がいましたが、ラジオの短波放送に耳を傾《かたむ》けていたのはたった一人の若者《わかもの》だけだったことを覚えています。

パキスタンの部族地域《ちいき》で学校が襲撃《しゅうげき》されたり、ジャーナリストが襲《おそ》われたりするのは、情報《じょうほう》や教育の欠如《けつじょ》という問題が背景《はいけい》として大きいと思います。タリバンが、女性《じょせい》が教育を受けることに反感を抱《いだ》くのは、彼《かれ》らが外の世界を知らないからにほかなりません。パキスタンの部族社会にインターネットやテレビが浸透《しんとう》すれば、彼らは自分たちの住んでいる社会だけではなく、それとは異《こと》なる社会があること、そして、自分たちとは違《ちが》って、平和で、民主的な、暴力《ぼうりょく》に訴《うった》えない価値観《かちかん》があることを知ると思うのです。

情報が、いまだ残されている人権《じんけん》を無視《むし》した因習《いんしゅう》や、独裁政治《どくさいせいじ》を変えるために必要だという一例を、ご紹介《しょうかい》しましょう。

「アラブの春」という言葉を知っていますか？　事件《じけん》の発端《ほったん》は、アフリカのチュニジアで失業中だった男性が路上で果物や野菜を売ろうとしたところ、「許可《きょか》がな

民主化革命《みんしゅかかくめい》のデモに参加した少女が掲《かか》げたプラカードには「自由」「未来」という言葉が書かれていた（2011年、チュニジア）　AFP＝時事

い」と警察《けいさつ》に止められ、商品を没収《ぼっしゅう》されたことでした。男性《だんせい》は抗議《こうぎ》の意思を示《しめ》すために焼身自殺《しょうしんじさつ》を図《はか》ったのですが、その一連の出来事が、失業率《しつぎょうりつ》の高いチュニジアで職《しょく》のない多くの人々の心に火をつけました。二十三年という長い独裁政権《どくさいせいけん》のもとで、職業を選ぶ自由や発言の自由もなく、人権侵害《しんがい》もひどい政治に対する怒《いか》りが、デモという形で、いっきに噴《ふ》き出《だ》したのです。

　急速に発展《はってん》したデモにより、チュニジアの政権は崩壊《ほうかい》したのですが、同じように腐敗《ふはい》した権力構造《けんりょくこうぞう》に苦しむ国々でも、チュニジアに続けとばかり、デモが連続して起きたのです。これが「アラブの春」と呼《よ》ばれる民主化革命《みんしゅかかくめい》です。

この革命の特徴《とくちょう》は、ツイッターやフェイスブックといった、ソーシャルネットワークサービスを使って、若者《わかもの》たちが政治《せいじ》への不満を吐《は》き出《だ》し、一人ひとりの不満がどんどんつながって、大規模《だいきぼ》なデモという形になっていった点にあります。

ナビラさんが生まれ育った部族地域《ちいき》では、女子の教育が否定《ひてい》され、一定の年齢《ねんれい》に達した女の子たちが人の目にさらされてはならないとされています。しかし、それも、ほかの世界の情報《じょうほう》が入らないから、いまだにその価値観《かちかん》が通用しているのです。スマート・スクールの先生たちが、ナビラさんに対して、「インターネットに可能《かのう》なかぎり接《せっ》してほしい」と求めるのは、部族地域の古いしきたりから離《はな》れ、現《げん》代《だい》の世界で普遍的《ふへんてき》に通用する価値観や知識《ちしき》、テクノロジーに接してほしいという思いからでしょう。

将来《しょうらい》の夢《ゆめ》

ナビラさん一家に対して、近所の人たちも世話をしてくれているようでした。近所の人が、よその家の子どもたちの世話を焼くという風景は、昔は日本でもよく見かけたものです。パキスタンは、人々の心の交流が当たり前だったころの日本を思い出させてくれます。

私《わたし》のパキスタンでの滞在《たいざい》も最後という日に、お父さんのラフィークさんは、「ナビラの学校の近くにアパートを見つけたんです」と報告《ほうこく》してくれました。ナビラさんがその家と学校を往復《おうふく》するのに、学校が手配してくれた車で通うことになるという話でした。ナビラさんに、マララさんと同じ危険《きけん》が降《ふ》りかからないとは言い切れないからです。

お父さんは、「いずれは、ナビラさんの学校の近くで教師《きょうし》の職《しょく》を見つけたい」とも話していました。それがかなえば、ナビラさんのお母さんも、ナビラさんといっしょに暮《く》らすことができます。

私《わたし》はイスラマバードのパソコンショップに行き、新しいパソコンを買い求めました。お世話になったナビラさん一家へのプレゼントです。パソコンの値段《ねだん》は、日本ほど高くはなく、いちばん高いものでも十万円以下です。パソコン一台を兄妹《きょうだい》全員で使うことになるでしょうから、けっして十分とはいえません。足りない分は、日本で使っていないパソコンをパキスタンに送ることにしました。きっと日本の子どもたちと同じく、ナビラさんたちにとっても、パソコンが外の世界を知るうえで欠かせないものになるはずです。

ナビラさんに将来《しょうらい》の夢《ゆめ》を聞くと、こう話してくれました。

「弁護士《べんごし》になって、不正義《ふせいぎ》の下《もと》に置かれている人々のためになる支援《しえん》をしたいです。私は、私と同じように暴力《ぼうりょく》の犠牲《ぎせい》になっている子どもたちに教育を受けてもらいたいと思っています。暴力からの抜《ぬ》け道《みち》は勉強にあると思うんです」

ナビラさんに「日本にまた行きたいですか」と尋《たず》ねると、「はい、機会があれば、ぜひ」と言って、にっこりうなずいていました。

私《わたし》が日本に帰国して十日ほど経《た》ったある日、アシュラフ・アリーさんから一通のメールが届《とど》いていました。イスラマバードで手配したパソコンが、ナビラさんの手元にちゃんと届きました、という便りでした――。

おわりに

イスラム世界のなかから、「パキスタン・タリバン運動（ＴＴＰ）」や「イスラム国（ＩＳ）」など、過激《かげき》な思想を持ち、暴力《ぼうりょく》によって世界を変えようとする人々が現《あらわ》れたことを、この本で何度も説明してきました。

二〇一六年三月二十七日、パキスタンではＴＴＰの分派《ぶんぱ》によるテロが起こり、七十人あまりが犠牲《ぎせい》になりました。パキスタン政府《せいふ》は、ナビラさんやマララさんの故《こ》郷《きょう》である部族地域《ちいき》については、「軍の掃討作戦《そうとうさくせん》が成功した」と胸《むね》を張《は》っています。

しかし、テロの危険《きけん》は、まったく消えていないのです。暴力に対して、軍隊という武力《ぶりょく》でおさえるという考えに限界《げんかい》があることを、そろそろ認《みと》めなくてはならないと考えます。

いま、こうしたイスラムの武装集団《ぶそうしゅうだん》に対して、世界はどのように向き合っているのでしょうか。

アメリカでは、二〇一六年十一月に大統領選《だいとうりょう》挙が行われ、共和党《きょうわとう》のドナルド・トランプ氏と民主党《みんしゅとう》のヒラリー・クリントン氏の一騎討《いっきう》ちの結果、トランプ氏が勝利を収《おさ》めました。世界一の強国の指導者《しどうしゃ》が、どのようにイスラム世界と向き合うのか、否《いや》が応《おう》でも注目が集まります。

共和党のトランプ氏は選挙戦の最中《さなか》、公式に次のような声明を発表しています。「私《わたし》はイスラム教徒のアメリカ入国禁止《きんし》を要求します。ピュー・リサーチセンターによると、イスラム教徒のうち相当な数に、アメリカ人への憎悪《ぞうお》（ヘイト）が広がっています。最近では、セキュリティー・ポリシー・センターの世論調査《よろんちょうさ》で、『二五％の人々が、アメリカ人への攻撃《こうげき》は世界的なジハードの一環《いっかん》として容認《ようにん》される』という意見に同意し、五一％は『アメリカ国内のイスラム教徒は、シャリーア

（預言者《よげんしゃ》ムハンマドの言葉とコーランを原典とする法規《ほうき》）によって支配《しはい》されるべきだ』と考えていることがわかりました。シャリーアは、改宗《かいしゅう》を拒《こば》む者を殺害する暴虐《ぼうぎゃく》を正当化しており、斬首《ざんしゅ》（首を切り落とすこと）やさらに信じられない行動で、アメリカ人、とくに女性《じょせい》への脅威《きょうい》となっているのです」

テロリスト＝イスラムという考えに凝《こ》り固《かた》まり、差別感情《さべつかんじょう》をむき出しにした発言です。しかし、考えてみますと、これほどひどい発言をしたトランプ氏が大統領《だいとうりょう》選挙で勝利したということは、多くのアメリカ国民が彼《かれ》の考え方を支持したということにほかなりません。

ノーベル平和賞を受賞したマララ・ユースフザイさんは、トランプ氏のこうした発言について、厳《きび》しく批判《ひはん》しています。

「トランプ氏がイスラムやムスリム（イスラム教徒）に敵対《てきたい》する発言をすればするほど、テロリストを生むことになります。かりに、テロリズムを停止させる意図があるのならば、ムスリムを責《せ》めるべきではありません」

トランプ大統領《だいとうりょう》は、アメリカのワシントンで就任演説《しゅうにんえんぜつ》に臨《のぞ》んだ。そのなかで、「イスラム過激派《かげきは》のテロに対し世界を結束《けっそく》させ、地球上から完全に根絶《こんぜつ》させます」と宣言《せんげん》した（2017年1月20日）　EPA＝時事

トランプ大統領《だいとうりょう》の発言には、宗教《しゅうきょう》と文化の違《ちが》いを背景《はいけい》に、キリスト教を信仰《しんこう》する人たちが多く集まるアメリカ社会に対し、イスラム教徒は「否定的《ひていてき》な価値観《かちかん》を持った他者」だとして、区別、ときに差別しようというメッセージが込《こ》められています。

これはまさに、「文明の衝突《しょうとつ》」だと思います。この状況《じょうきょう》を乗《の》り越《こ》えるには、「社会には、いろいろな価値観を持った人がいるんだ」という、きわめて当たり前の事実を多くの人が認《みと》め、自分と違う価値観を持つ人に対して寛容《かんよう》になることが求められると思います。

それと同時に大事なのが、この本で何度となく訴《うった》えてきた教育です。

マララさんは、「マララ基金《ききん》」をつくって世界中の子どもたちの教育を支援《しえん》する活動をしています。また、二〇一五年七月には、レバノン東部にシリア難民《なんみん》のための学校を開設《かいせつ》しました。その開校式では、あらためて、「本（教育）こそが平和と繁栄《はんえい》の礎《いしずえ》」と強調し、国際《こくさい》社会にシリア難民へのいっそうの支援を呼《よ》びかけました。

マララさんが訴《うった》えるとおり、イスラム世界の女子に教育が普及《ふきゅう》すれば、女性《じょせい》の社会進出をもたらし、それは出生率《しゅっせいりつ》を下げることになります。そのことは、職《しょく》にあぶれる若者《わかもの》たちの数を減少《げんしょう》させることにつながります。TTPやISに吸収《きゅうしゅう》される若者たちを見ると、職に就《つ》けない悔《くや》しさから暴力的《ぼうりょくてき》な活動に加わるケースが少なくありません。パキスタン政府《せいふ》は、マララさん以上に、教育の振興《しんこう》にいっそう力を尽《つ》くす必要があるでしょう。

ナビラさんが広島《ひろしま》で訪《おとず》れたユニタールのナスリーン・アジミ特別顧問《とくべつこもん》（当時）は、広島から学ぶべきことがたくさんあると語っていました。

「まったく何もなかったという廃虚《はいきょ》から復興《ふっこう》した広島の街並《まちな》みに、アフガニスタン人たちほど影響《えいきょう》を受けているグループを見たことがありません。原爆資料館《げんばくしりょうかん》を見学し、被爆者《ひばくしゃ》の証言《しょうげん》を聴《き》いた後で、彼《かれ》らがよく口にする言葉があります。『もし、広島が復興できたのなら、アフガニスタンだって復興できる』という言葉です。憎《にく》しみよりも復興《ふっこう》を優先《ゆうせん》し、『許《ゆる》しても、忘《わす》れない』という広島市民の努力と精神《せいしん》は、過去《かこ》の憎《にく》しみに長くとらわれた国にとって、はかり知れない意味を持っています」

アフガニスタンと同じく、暴力《ぼうりょく》や戦争が続くパキスタンの部族地域《ちいき》で暮《く》らすナビラさんのような少女にとっても、この言葉は響《ひび》いたことでしょう。

ともあれナビラさんは、学校に入学することができました。彼女《かのじょ》の勉学が成就《じょうじゅ》するためには、日本からの支援《しえん》が今後も継続《けいぞく》することが必要になります。

お父さんのラフィークさんは、こう話していました。

「日本に滞在《たいざい》できたのは、とても幸せな体験でした。ナビラにとってもそうだったと思います。日本の方々の募金《ぼきん》で子どもたちに教育を受けさせられたことは、感謝《かんしゃ》に堪《た》えません。日本の新聞やテレビが、私《わたし》たちがドローンで攻撃《こうげき》されたことを報《ほう》じてくれて、とてもうれしく思っています。『正義《せいぎ》が聞き入れられた』という思いになりました。私たちは日本で発言の機会を得られなかったら、無力のままでした」

ラフィークさんにはこう言っていただけましたが、日本のメディアをながめますと、アメリカ側に立った報道《ほうどう》のほうが圧倒的《あっとうてき》に多いです。しかし、きちんと真実を見極《みきわ》めようと目をこらせば、ナビラさんのように強国に傷《きず》つけられた人たちの声をひろうことができるはずなのです。

学校に入学できたナビラさんは、晴れがましい表情《ひょうじょう》で話していました。

「日本の人々はとても親切で、情に篤《あつ》いという印象です。アメリカではあまり歓迎《かんげい》してもらえず、ドローンによる被害《ひがい》について話しても、聞いてくれる人が少なく、『ああ、これが世界のあり方なんだな』って思ってしまいました。でも、日本の人たちは、アメリカとはまったく異《こと》なる世界があり、異なる人々がいるということを教えてくれたんです。

私《わたし》は日本の人たちが大好きです」

これから、私たち日本人は、異なる世界の、異なる価値観《かちかん》を持つ人々と、どうやって向き合っていくのでしょう。ナビラさんとマララさんが発信している「子どもたちに教育を受けさせることこそが、平和への第一歩」という考え方にこそ、そのヒントが隠《かく》されていると思います。

宮田　律

宮田 律　みやた　おさむ

一般社団法人・現代イスラム研究センター理事長。1955年、山梨県生まれ。慶應義塾大学大学院文学研究科修士課程修了、UCLA大学院歴史学科修士課程修了。専門はイスラム地域研究、国際関係論。著書に、『オリエント世界はなぜ崩壊したか　異形化する「イスラム」と忘れられた「共存」の叡智』（新潮選書）、『イスラムの人はなぜ日本を尊敬するのか』（新潮新書）、『石油・武器・麻薬　中東紛争の正体』（講談社現代新書）、『イスラムは本当に危ない世界なのか』（潮出版社）など多数。

写真（カバー表1）　水田 修
写真（本文中）　宮田 律、時事通信社
地図作成　アトリエ・プラン、三品秀徳
装幀　城所 潤（Jun Kidokoro Design）

ナビラとマララ
「対《たい》テロ戦争《せんそう》」に巻《ま》き込《こ》まれた二人《ふたり》の少女《しょうじょ》

2017年3月22日　第1刷発行

著　者　宮田《みやた》 律《おさむ》
発行者　清水保雅
発行所　株式会社　講談社
〒112-8001　東京都文京区音羽2-12-21
電話　編集　03-5395-3535
販売　03-5395-3625
業務　03-5395-3615
印刷所　慶昌堂印刷株式会社
製本所　大口製本印刷株式会社
本文データ制作　講談社デジタル製作

N.D.C. 916　172p　20cm　ISBN978-4-06-220484-2

小学生むきノンフィクションシリーズ

世の中への扉

平和 **零戦パイロットからの遺言**　半田滋

憧れの零戦に乗って太平洋戦争の激戦地へと飛んだ原田要さん。多くの命を奪い、自らも命を失いかけた原田さんが、戦争の現実を伝えます。

平和 **戦争を取材する**　山本美香

ゲリラに誘拐されたリル、目の前で友を失ったアブドゥヌール……。女性ジャーナリストが取材した、世界の戦地で懸命に生きる子どもたちの姿。

社会 **ニッポンの刑事たち**　小川泰平

なりたい職業ランキング上位の刑事のお仕事を徹底解説！　犯人をどうやって追い詰めているのか？　刑事ドラマが100倍おもしろくなります。

社会 **ほんとうの「ドラッグ」**　近藤恒夫

ドラッグってどんなもの？　ドラッグはなぜ怖い？　薬物依存の苦しみから立ち直った著者が、実体験を通して語る、若者へのメッセージ。

社会 **柴犬マイちゃんへの手紙**　柳原三佳

2人の少年の命を奪った無謀運転による交通事故。不条理な裁判を戦う少年の両親と、遺族を癒やす保健所から引き取られた柴犬の真実の物語。

社会 **泥だらけのカルテ**　柳原三佳

すべてを奪い去った３・11の巨大な津波。遺体を家族のもとに帰しつづける歯科医の背中が、壊滅状態の故郷の人々を復興に立ち上がらせた！

歴史 **おどろきの東京縄文人**　瀧井宏臣

東京のどまんなかで大量の人骨を発見！　もしかしたら殺人事件かもしれないと、刑事さんも考古学者もみんな集まって調べたところ……？

表現 **調べてみよう、書いてみよう**　最相葉月

テーマが見つかる､調べ方がわかる！　上手な文章が書けるようになる本。学校では教えてくれない、読む人に伝わる文章の書き方を伝授します。

スポーツ **進め！　サムライブルー**　林壮一

サッカー日本代表、感動の20年ヒストリー。W杯に初出場を果たし、勝利をあげ……、着実に進化する日本代表の軌跡を1冊に。

スポーツ **打てるもんなら打ってみろ！**　中村計

ダルビッシュ（東北）、田中（駒大苫小牧）、藤浪（大阪桐蔭）、松井（桐光学園）、安楽（済美）――甲子園をわかせた5人の速球王たちの物語。

スポーツ **レジェンド！**　城島充

ソチ五輪でふたつのメダルを獲得したスキージャンプの葛西紀明選手と、葛西選手を育てた下川ジャンプ少年団のがんばりを描いた感動の物語。

スポーツ **〈10秒00の壁〉を破れ！**　高野祐太

桐生祥秀、山縣亮太、S・ハキーム。陸上男子100mの世界にそびえる〈壁〉を、若きアスリートたちは破れるか。0.01秒を縮める日本人の科学と進歩。

生物 **カブトムシvs.クワガタムシ　強いのはどっちだ！**　本郷儀人

夏の雑木林で観察されたバトルのデータを大公開！　男子が大好きな“夏休みの王様”たちの生態を、豊富な写真・イラストで伝えます。

生物 **ナックの声が聞きたくて！**　村山司

イルカとお話ししてみたい！　高校生のときに抱いた夢を叶えるため、シロイルカのナックにことばを教える村山先生の20年にわたる奮闘記。

自然 **おどろきのスズメバチ**　中村雅雄

ハッチー先生の40年にわたる研究から、おそろしい「害虫」スズメバチのおどろくべき生態、人とスズメバチの関係などを解き明かす！

自然 ビジュアル版 **ゴミにすむ魚たち**　大塚幸彦

人間のすてたゴミといっしょに、たくましく生きる海の生きものたちのようすを、水中カメラマンが写真と文章でたっぷり伝える。

以下、続刊